Daniel Wilk

Aus dem Leben eines Steins

Die Liebe für den Lauf der Dinge entdecken

2014

Umschlaggestaltung: Uwe Göbel
Umschlagfoto: Heinrich Eiermann
Satz: Verlagsservice Hegele, Heiligkreuzsteinach
Printed in the Czech Republic
Druck und Bindung: FINIDR, s. r. o.

Erste Auflage, 2014
ISBN 978-3-8497-0037-9

Bibliografische Information der Deutschen Nationalbibliothek:
Die Deutsche Nationalbibliothek verzeichnet diese Publikation
in der Deutschen Nationalbibliografie; detaillierte bibliografische
Daten sind im Internet über http://dnb.d-nb.de abrufbar.

Carl-Auer Verlag GmbH
Vangerowstraße 14
69115 Heidelberg
Tel. 0 62 21-64 38 0
Fax 0 62 21-64 38 22
info@carl-auer.de

Inhalt

Einleitung

So wie in dieser kleinen Geschichte geschieht es schon immer:

Ein Stein löst sich vom Berg, meist Stück für Stück, manchmal aber auch ganz plötzlich. Er rollt hinunter. Wenn unten ein Fluss ist, dann fällt er irgendwann ins Wasser und wird vom Fluss Richtung Meer getragen.

Um auf seinem Weg vorwärtszukommen, muss er einigermaßen rund werden und bleiben.

Der Stein in dieser Geschichte ist anders, als wir Menschen uns Steine vorstellen. Er erlebt seinen Weg bewusst. Nachdem er sich mithilfe eines warmen Lufthauchs aus dem Hang lösen kann, an dem er schon sehr lange lag, strebt er dem Meer entgegen. Schon bevor er in Bewegung kam, wünschte er sich sehr, irgendwann das Meer zu erreichen. Auf seinem Weg zum Ziel seiner Wünsche wird er von dem warmen Lufthauch – einer Meeresbrise – begleitet. Nachdem er sie vor der Kälte gerettet hat, unterstützt sie ihn auf seinem langen Weg. Sie sind einander sehr nahe und wünschen sich schließlich, nie wieder alleine zu sein.

Weil der Stein sich umso besser bewegen kann, je weniger Kanten er hat, legt er Wert auf seine Rundung. Um sie zu schützen, erkennt er die Gefahren von Wasserfällen. Unterwegs erlebt er vieles. Auf seinem Weg schließt er auch Freundschaft mit einer Katze – und lernt von ihr das Anschleichen.

»Ein Stein ist ein unbelebtes Ding, das nicht denken kann. Kein Stein kann seinen Weg lenken oder sich mitteilen.« Diese Sicherheiten schöpfen wir aus den Regeln, die unser Verstand der Welt gibt.

Unsere Fantasie ist diesen Regeln weit weniger unterworfen. Wenn wir ihr die Freiheit geben, dann können wir in unserer Vorstellung alle Grenzen überschreiten. Und dann ist es ohne Weiteres möglich, dass ein Stein Wünsche hat und die Fähigkeit, seinen Weg zu beeinflussen und sich mit anderen Teilen unserer Welt zu unterhalten.

Wir erfahren immer wieder neu, dass die Welt anders ist, als wir denken. Mit jeder Erfindung oder wissenschaftlichen Erweiterung unseres bewussten Wissens öffnen wir auch die Grenzen unseres Verstandes etwas mehr.

Es gibt ein unbewusstes Wissen in uns, das der Verstand leider wenig beachtet. Die Fantasie nutzt auch dieses Wissen. Meist sind es Bilder, durch die wir in (Tag- und Nacht-)Träumen uns selbst etwas aus den unbewussten Bereichen der Welt mitteilen. Schöpferische Menschen nutzen derartige Erfahrungen, um Neues zu schaffen und die Welt des Verstandes zu verändern. Neu ist es nur für sein bewusstes Wissen. Vielleicht wussten alle Menschen schon davor davon – aber nur unbewusst.

Unsere Fantasie bietet unserem Bewusstsein Brücken in Wissensbereiche, die wir uns anders nicht erschließen können.

Die nachfolgende Geschichte ist eine Fantasie, die uns ermutigt, die engen Grenzen des bewussten Wissens spielerisch zu überschreiten. Die Veränderungen in der Natur können als Ergebnis eines liebevollen Miteinanders gesehen werden – jedenfalls in der Vorstellung, die frei ist, sich von den Realitäten zu lösen.

Den Berg verlassen

Das Frühjahr hat begonnen. Die Sonne scheint wärmer und ihr Licht wandert von Tag zu Tag höher und länger über den Himmel. Die Wärme ihrer Strahlen breitet sich jeden Tag tiefer in die Erde aus.

Im Gefolge der Wärme verändern sich langsam auch die stillen weißen Flächen in den Bergen. Zuerst ist es nur das Gefühl, dass sich etwas tut. Bald hat man den Eindruck, dass der Schnee im Licht der Sonne schwitzt.

Auf der blendend weißen Fläche bilden sich Wasserperlen, in denen sich das Sonnenlicht bricht. Sobald sich die Kälte der Nacht in die Schatten zurückzieht, geben sich einzelne Tropfen die Hände, bis sie zu einer Fläche werden, die erst gegen Abend wieder zu frieren beginnt und nachts eine glatte Eisdecke bildet, in der der Mond sich betrachten kann.

Je länger die Sonne scheint und je höher sie wandert, desto mehr Wassertropfen sammeln sich in Pfützen auf dem felsigen Untergrund. Nach einiger Zeit laufen die Pfützen über und verwandeln sich in kleine Rinnsale. Sie schließen sich zusammen und werden immer größere Bäche. Unter der weißen Haut der Berge formen sie unsichtbare und geheimnisvolle Höhlen, in denen sich ganz klares Wasser sammelt. Es lehnt sich dort mit Macht gegen die sie umschließenden Wände der Höhlen. Irgendwann gibt eine Wand nach. Sie öffnet sich und immer mehr

Wasser fließt ab. Es stürzt und springt nach unten in das Tal.

Außer im Fließen des Wassers gibt es keine Eile in diesem Ablauf. Die Beteiligten kennen sich seit ewigen Zeiten und es ist fast, als würden sie sich auf diese Weise unterhalten. Mal spricht die Sonne länger und hinterlässt mehr Eindruck, indem viel Wasser hinabfließen kann, dann wieder wiegen die Argumente des Frostes stärker und das Wasser erstarrt wieder im Eis.

Ganz oben, dort wo die Rinnsale schon breiter werden, nutzen kleine Steine die Chance und lassen sich mitnehmen. Je größer der Wasserdruck wird, desto schwerer und größer sind die Steine, die auf die Reise gehen können. Die Steine sind sehr alt. Sie kennen diese Zeit und warten schon darauf, an einem der Tautage wieder ein Stückchen mitgenommen zu werden, um ihre Reise durch die Welt fortzusetzen.

Es ist nicht ihre einzige Möglichkeit, den Berg zu verlassen und einen der Flüsse zu erreichen. Auch der Frost hilft ihnen. Manchmal gefriert das Wasser zwischen den Steinen und sprengt einen oder mehrere von ihnen ab. Wenn der Schwung groß genug ist, dann rollen sie bis in den Fluss hinunter. Dabei verlieren sie ganz natürlich ihre Kanten und auch an Gewicht. Das hat den Vorteil, dass sie vom Flusswasser leichter bewegt werden können.

Von Anfang an wissen sie in ihrem Innersten viel von dem, was sie erwarten wird. Es ist kein klares Wissen, das sich in erlebten Bildern ausdrückt. Es ist unscharf, wie etwas, das in Träumen entstanden ist oder schon sehr lange zurückliegt und nicht mehr klar erinnert wird.

Eine warme Brise verirrt sich

Am kahlen Berghang hat im Herbst ein warmer Wind unter einem Stein Schutz gefunden. Genauer gesagt ist der Wind eine Sie und sie ist eine Meeresbrise.

Sie ist unfreiwillig unter die Steine geraten. In den letzten warmen Tagen des Herbstes hat sie sich beim Spiel mit anderen warmen Winden in den Bergen verirrt. Sie war über den Bergkamm und in das Tal geflogen. Am späten Nachmittag war sie dort von den Schatten überrascht worden. Nachdem die Sonne hinter dem Berg verschwunden war, kam schlagartig die Kälte. Plötzlich war die Brise schnell kühler geworden. Als sie spürte, dass sie zu viel Energie verlor, war die Sonne schon auf der anderen Seite des Gipfels verschwunden. Dadurch war die rettende Wärme zu weit weg. Die Brise konnte es nicht schaffen, hoch genug zu fliegen. Sie würde unterwegs kalt und dadurch immer langsamer werden, sodass sie nach unten sinken würde, lange bevor sie die Wärme erreicht hätte.

Sie bekam Angst und suchte nach einem Versteck, um sich die restliche Wärme zu erhalten. Es war nichts zu sehen, das ausreichend Schutz bieten konnte. Schließlich flüchtete sie sich unter irgendeinen Stein, der in der Mitte des Hangs neben vielen anderen lag. Dort fand sie einen engen Winkel, den sie vollständig ausfüllte. Sie beruhigte sich etwas, als sie merkte, dass sie dort warm blieb.

Weil sie vom vielen Fliegen und vom Schock des Alleinseins müde war, schloss sie für einen Moment die Augen – und war eingeschlafen.

Beim Aufwachen sieht sie, dass es auch über den Steinen dunkel geworden ist. Sie spürt die Kälte, die von außen an den Stein drückt.

Sie fürchtet die Kälte, denn in ihr kann sie nicht fliegen und ist an den Boden gefesselt. Sie ist in der Wärme geboren worden und auch aufgewachsen. In diese kalte, unwirtliche Gegend kam sie nur selten und normalerweise war sie lange bevor es kühl wurde wieder in warmen Luftschichten unterwegs.

Ängstlich wartet sie in ihrem Versteck die Morgensonne ab – in der Hoffnung, mithilfe der warmen Sonnenstrahlen über den Bergrücken in den Süden fliegen zu können.

Der Morgen kommt, aber ihr Versteck wird nur einen kurzen Moment von der Sonne berührt. Den Rest des Tages bleibt es im kalten Schatten. Sie kann es nicht verlassen, denn der Schatten ist viel zu kalt. Sie aber braucht Wärme und zieht sich deshalb noch mehr in sich zurück.

So bleibt sie in ihrem Versteck, während der Winter sich nähert und es von Tag zu Tag kälter wird. Die kalten Winde streichen über die Steine und entdecken sie dort. Erschrocken, sie hier zu finden, raten sie ihr dringend, sich ein besseres Versteck zu suchen, um bis zum Frühling geschützt zu sein.

Weil sie schon jetzt spürt, wie sie jeden Tag kälter wird, bittet sie ihre kalten Verwandten um Hilfe. Die suchen einen Stein, der vor den Winden geschützt an einer guten Stelle des Berghangs liegt. Unter ihm kann sie einen warmen Schutz finden. Im Frühjahr würde die Sonne ihn als einen der Ersten erreichen, sodass sie dann wieder würde aufbrechen können.

Sie schildern ihr, wo der Stein liegt. Dann treiben sie die Wolken auseinander, sodass die Sonne die Luft erwärmen kann. Schließlich hören sie auf, sich zu bewegen. Als die Sonne am höchsten steht, rufen sie der Brise zu, sie solle jetzt schnell hinauffliegen, unter den Stein, den sie für sie ausgesucht haben. So schnell sie kann, fliegt sie in die helle, aber immer noch sehr kalte Luft. Nachdem sie sich frierend orientiert hat, findet sie den Stein und schlüpft schnell unter ihn.

Ihre kalten Verwandten häufen viel Erde an den Stein, sodass keine Kälte mehr zu ihr kommen kann.

In dem Wissen, dass es nun lange dauern wird, bis sie sich wieder hervorwagen kann, kuschelt die warme Brise sich in die Erdmulde unter Stein und Eis und verbringt dort die Tage und die Nächte. Dabei erwärmt sie unabsichtlich den Stein über ihr.

Obwohl sie anfangs sehr verzweifelt ist, beginnt sie schon nach wenigen Tagen, sich unter dem Stein wohlzufühlen. Die Wärme wird nicht weniger, sie hält sich sogar erstaunlich gut, sodass sie täglich etwas frische Luft hereinlassen muss, damit es nicht zu warm wird.

Der Stein hat eine kleine Furche auf seiner Oberfläche. Nachdem er auf ihrer Seite durch ihre Nähe wärmer geworden ist, kann sie sich in die Furche hineinkuscheln. So ist sie an drei Seiten von ihm umgeben und gut geschützt.

Der Winter bleibt seine Zeit, und es zieht ein Schneesturm nach dem anderen über den kahlen Hang. Dabei deckt er die Steine immer weiter zu. Es wird immer kälter über dem Stein. Der Schnee deckt sie zu und schützt sie beide. Unter der weißen Decke speichert der Stein ihre Wärme in seinem festen Inneren und gibt sie an sie zurück, sodass sie nicht auskühlt. Ihre kalten Verwandten häufen von außen immer wieder Schnee von allen Seiten an, sodass keine Wärme entfliehen kann.

Die Annäherung

Die Brise fühlt sich sehr wohl unter dem Stein und ihre Angst verliert sich. Deshalb fällt es ihr leicht, sich auf die lange Wartezeit einzustellen. Weil eine warme Brise keine Nahrung und kein Wasser braucht, kann sie es genießen, sich zu erinnern. Sie kuschelt sich an den Stein und stellt sich all das Schöne vor, das sie schon gesehen hat. So verkürzt sie sich die Zeit mit den schönen Gefühlen, die aus der Erinnerung geboren werden.

Wie sie so unter dem Stein vor sich hinträumt, vom Spiel mit ihren Freundinnen in grünen Landschaften, vom leichten Flug unter einem blauen Himmel, fühlt sie sich immer stärker mit dem Stein verbunden. Sie fühlt sich geborgen und vertraut mit ihm. Ganz eng schmiegt sie sich in seine Vertiefungen. Bald ist es so, dass sie gar nicht mehr genau sagen kann, wo der Stein endet und wo sie anfängt. Irgendwie werden sie eins und sie bekommt sogar das Gefühl, dass er lebt. Beruhigend und schützend wirkt er auf sie. Der Gedanke kommt ihr, ihn anzusprechen. Das findet sie zwar etwas blöde, weil alle Brisen wissen, dass Steine nicht leben und schon gar nicht sprechen können.

Weil aber niemand da ist, der über sie lachen kann, spricht sie ihn ganz leise an – denn es ist sehr still hier unten und sie will ihn nicht erschrecken. Das denkt sie für den Fall, dass er sie doch hören kann.

Sie flüstert: »Hallo, Stein!«

Weil sie eine sehr liebevolle und rücksichtsvolle Brise ist, will sie wissen, ob es für ihn in Ordnung ist, dass sie so nah bei ihm liegt: »Ohne dich zu fragen, bin ich einfach hierher gekommen. Ist das für dich in Ordnung oder stört es dich?«

In der fast sicheren Überzeugung, er könne ihr sowieso nicht antworten, spricht sie weiter: »Wenn es dich stört, dann gehe ich wieder.«

Natürlich kann sie nirgendwo hin. Aber sie spricht ja sowieso nur mit sich selbst …

»Hallo, Brise!«

Erschrocken zuckt sie zusammen: Er hat geantwortet! Oder hat sie es sich nur eingebildet? Ganz leise und tief kam die Stimme aus der Mitte seiner Festigkeit.

Sie lauscht ihr nach und wartet, ob noch mehr kommt.

Es dauert seine Zeit, aber schließlich spricht er weiter: »Du kannst gerne bleiben. Ich freue mich sogar, dich zu fühlen, deine Leichtigkeit und deine Wärme. Bleib ruhig, so lange du willst.«

Seine Stimme ist mehr zu spüren als zu hören. Sie bewegt die Erde und die Luft. Ähnlich einem Vibrieren, das von innen aus ihm heraus schwingt.

Wieder dauert es ein Weilchen, bis er weiterspricht:

»Da du schon einmal hier bist, könntest du mir etwas von der Welt draußen erzählen. Ich konnte mich noch nie mit einem Wind unterhalten. Sie sind immer alle so schnell weg. Lange bevor ich ein Wort gebildet habe, können sie mich schon nicht mehr hören. Und so erfahre ich nie, wie die Welt jenseits des Berggipfels aussieht. Die anderen Steine haben alle auch kaum etwas zu erzählen. Manchmal erzählt mir eine freundliche Maus etwas oder auch ein Schmetterling. Aber sie kommen meist nicht weit herum.

Einmal war ein Adler in der Nähe. Er war erschöpft gelandet und ruhte sich aus. Aber er wollte mir nichts erzählen. Er hatte einen Kampf mit drei Raben hinter sich und war sehr zerzaust. Und auch ein bisschen unfreundlich. Vielleicht hatte er Schmerzen. Damit er sich erholen konnte, ließ ich ihn in Ruhe.«

Er schweigt eine Weile, vielleicht will er die Verwundung des Adlers würdigen, indem er auch der Erinnerung Ruhe lässt, die Empfindungen zu heilen.

Nach einer Weile spricht er wieder. »Falls du auch deine Ruhe brauchst, können wir weiterschweigen. Aber ich würde mich sehr freuen, wenn du mir etwas über die Welt erzählen könntest, die du schon gesehen hast. Bleiben kannst du auf jeden Fall. Falls ich es dir irgendwie bequemer machen kann, dann tue ich das gerne.«

Dankbar für den Platz und den Schutz, die er ihr gewährt, erfüllt sie ihm diese Bitte gerne. Sie erzählt ihm, wie sie zu ihm gekommen ist. Mit Freunden war sie jenseits des Gipfels heraufgekommen. Von unten am Meer, das immer warm ist, waren sie im schnellen Flug durch Schluchten und über Wälder heraufgezogen. Sie versteckten sich hinter Felswänden und Bäumen voreinander und freuten sich jedes Mal, wenn sie wieder zusammengefunden hatten.

Sie hatte schon fast die ganze Welt gesehen in ihrem langen Leben. War überall gewesen, wo es warm genug war, und so hatte sie viel zu erzählen und der Winter ging schnell vorüber.

Während sie sich nahe sind und die Brise erzählt und der Stein zuhört, ziehen die Stürme draußen weiter in den Norden. Eines Mittags sieht die Brise, dass die Schneedecke, die an einer Seite angehäuft ist, einen hellen Schein hat. Sie beobachtet in den darauffolgenden Tagen, dass der Schein immer länger zu sehen ist und heller wird.

Bald melden sich auch die kalten Winde. Sie rufen ihr zu, dass sie nun die Erde um den Stein abtragen werden, damit sie in wenigen Wochen ohne ihre Hilfe würde herauskommen können. Die Tage seien nun wärmer geworden und die Letzten von ihnen konnten täglich gezwungen sein, sich in die Kälte zurückzuziehen. Denn so wie für die warme Brise die Kälte gefährlich ist, konnte die Wärme den kalten Winden ihre Kraft nehmen.

Tatsächlich wärmen die Sonnenstrahlen die Erde und den Stein nun immer mehr. Der Tag des Abschieds kommt spürbar näher.

Eines Mittags, als die Sonne schon eine Zeit lang ihren Unterschlupf erwärmt hat, wagt die Brise es, sich ein kleines Loch in den Schnee zu schmelzen und an die Oberfläche zu wehen. Und wirklich ist die Luft wohltuend warm.

Schnell steigt sie der Sonne entgegen und schaut sich weit oben in der klaren Luft um. Fast sofort sieht sie den Pass, über den sie in das hohe kalte Tal geweht war. Auf der anderen Seite erkennt sie die Landschaft wieder, durch die sie hierher gekommen ist.

Sie fliegt ganz weit hinauf, sodass sie in der Ferne sogar das Meer glitzern sieht. Fröhlich weht sie einfach so in der warmen Luft herum.

Als sie nach unten schaut, sieht sie ganz klein ihren Stein am Boden. Sie sieht auch einen Fluss unterhalb des Steins. Zwar will sie so schnell wie möglich zurück in die heimatliche Wärme, aber sie will sich auch nicht einfach so von ihrem Beschützer trennen. Wenigstens danken will sie ihm. So lässt sie sich noch einmal hinunterfallen.

Es ist ein seltsames Gefühl für sie, ihn nun zu verlassen, wo er ihr doch so lange Schutz und Unterhaltung gegeben hat. So wohl sie sich aber bei ihm gefühlt hat, so wichtig ist es ihr, sich bewegen zu können. Eine Brise ruht eigentlich nie, es sei denn, es ist nicht anders möglich. Bewegung ist für sie fast so wichtig wie Wärme.

Wie soll sie ihm danken? Schweren Herzens spricht sie ihn also an: »Hallo, lieber Stein. Du hast mir das Leben gerettet, indem ich bei dir wohnen durfte. Ich habe mich auch sehr wohl bei dir gefühlt. Jetzt muss ich aber wieder zurück in die Wärme. Wie kann ich dir danken?«

Der Stein freut sich, dass sie noch einmal zurückgekommen ist. Inzwischen kennt sie ihn so gut, dass sie ihm die Freude ansieht. Er antwortet ihr, dass er nie zuvor etwas so Schönes erlebt hat. Mitten in der Kälte war ihm ganz warm gewesen, weil sie sich warm und weich in ihn hineingeschmiegt hatte. Mit seiner dunklen Stimme, die eher gefühlt als gehört wird, antwortet er: »Nicht du musst mir danken, sondern ich dir. Noch nie habe ich so viel von der Welt erfahren wie durch dich. Auch deine Wärme werde ich vermissen, das zarte Anschmiegen deines warmen Körpers an meine Festigkeit. Du hast mir eine Wärme gegeben, von der ich nicht wusste, dass es sie gibt und die ich auch nie für möglich gehalten hätte. Nun werde ich deine kalten Verwandten mit anderen Augen betrachten. Vielleicht kann ich auch einmal einen von ihnen ansprechen, damit er mir etwas von dir erzählt.«

Sie spürt seine Trauer und wird selbst traurig. Deshalb weht sie noch einmal schnell zurück auf die Erde und schmiegt sich wieder an ihn.

Ohne zu sprechen, bleiben sie so für einige Zeit.

Aus dem Eis lösen

Halb schlafend kommt ihr eine Idee, die sie ihm sofort sagt: »Ich habe gesehen, dass dort unten ein Fluss ist. Wenn du dorthin kommen könntest, dann würde er dich davontragen und dir die Welt zeigen.

Flüsse fließen meistens irgendwo ins Meer. Dort ist es vielleicht wärmer, sodass ich dich besuchen kann. Soll ich dir helfen, in den Fluss zu rollen?«

Nach einer Weile antwortet seine tiefe Stimme: »Der Fluss würde mich sehr interessieren. Ich liege schon lange hier und würde gerne endlich weiterkommen. Weißt du, wohin der Fluss fließt?«

Sie sagt ihm, dass alle Flüsse letztendlich in ein Meer fließen. Er will wissen, was das Meer sei, und sie erzählt ihm von der Weite, den Fischen, den Möwen und all dem anderen, das die Meere so ausmacht. Und der Stein wird neugierig und will bald in den Fluss, um sich auf den Weg zum Meer zu machen: »Kannst du mir denn wirklich helfen, hier wegzukommen? Bist du sicher, dass ich mich nicht unterwegs verirren kann?«, will er noch wissen.

Die Brise verspricht, ihn immer wieder besuchen zu kommen und aufzupassen, dass er sich nicht verirrt. Dann weht sie unter ihm hervor und legt sich lange ganz eng um ihn. Zwischendurch, wenn es ihr zu kalt wird, weht sie hinauf in die warmen Luftschichten, um die Wärme, die sie dem Stein gab, wieder neu aufzunehmen.

So gibt sie Wärme und holt sich neue abwechselnd. Das tut sie so lange, bis das Eis und der Schnee, die den Stein festhalten, ganz geschmolzen sind. Bevor sie den letzten kleinen Rest löst, der ihn noch hält, bereitet sie ihn auf das vor, was nun kommen wird: »Wenn ich gleich den Rest Eis unter dir getaut habe, wirst du anfangen, nach unten zu rollen. Es wäre gut, wenn du die großen Steine meiden würdest, damit du dir nicht wehtust und um nicht hängen zu bleiben. Ich werde dich aber bis hinunter begleiten und dir notfalls helfen.«

Dann wartet sie noch ein bisschen, damit er sich innerlich auf das vorbereiten kann, was nun kommen wird. Immerhin verlässt er den Ort, an dem er seit Jahrhunderten gelegen hat.

Als er bereit ist, löst sie den letzten Rest Eis, und er beginnt, nach unten zu rollen und zu rutschen. Sie begleitet ihn und schiebt ihn mal nach links und mal nach rechts, wenn große Steine auf seinem Weg liegen. Wenn er zu schnell wird, weht sie vor ihn und bläst mit aller Kraft gegen ihn, sodass er langsamer rollt. Wenn er zu langsam wird und liegen zu bleiben droht, schiebt sie von hinten.

Schließlich platscht er ins Wasser.

»Jetzt muss ich aber wirklich gehen. Bald verschwindet die Sonne wieder und jetzt kann ich mich nicht mehr unter dir verstecken. Dort ist es zu nass. Aber ich werde dich besuchen kommen.« Und weil die Schatten schon wieder nach ihr greifen, ruft sie die letzten Worte schon im Wegwehen aus der Höhe hinunter.

Dann bewegt sie sich leichtfüßig und elegant zu der großen warmen Luftströmung, die sie am Himmel entdeckt hat. Dort taucht sie tief hinein und fühlt sich sehr wohl in der Wärme. Langsam lässt sie sich Richtung Pass treiben. Bis sie darüber hinweg ist, hält sie nach ihm Ausschau.

Es ist seltsam für sie, dass sie nun endlich frei sein kann, wovon sie so viele Monate geträumt hat – und doch nicht ganz glücklich ist, weil sie den Stein schon zu vermissen beginnt.

Die Anfänge im Wasser

Nun liegt der Stein im Wasser. Alleine, weil die Brise ihn verlassen hat. Und doch nicht alleine, weil um ihn herum viele andere Steine verschiedener Farbe und Gestalt liegen.

Er ist etwas verwirrt, während das Wasser ihn umspült. Obwohl er als Stein normalerweise völlig unempfindlich gegen Kälte ist, hat er sich an die zuverlässige Wärme der Brise an seiner Haut gewöhnt. Und nun ist sie weg. Er fühlt stattdessen das kalte Wasser und spürt eine Leere an den Stellen, an denen sie ihn umgeben hatte. Tief in seinem Inneren aber bewahrt und schützt er einen kleinen Rest ihrer Wärme.

Er vermisst die Brise – nicht nur ihre weiche Wärme, auch ihre sanfte Stimme und die leichten Berührungen ihres Wesens in all seinen Vertiefungen.

Um sich von dem überraschend schmerzlichen Gefühl der Leere, das er zuvor nicht gekannt hatte, abzulenken, schaut er sich um. Zwischen all den anderen Steinen liegt er in einer weiten Kurve im Bett des Flusses. Er schaut hinauf zu den Bäumen am Flussufer. Dort, wo das Wasser ruhig ist, spiegeln sich ihre grünen Blätter. Der Wind bewegt sie und löst hin und wieder eines vom Zweig. Sobald es auf die Wasseroberfläche sinkt, laufen nach allen Seiten Wellen von ihm weg.

Am Ausgang des Tales wird der Fluss breiter und das Wasser flacher. Es gibt dort fast keine Strömung. Weil der Stein noch recht kantig ist und auch noch nicht mit dem Wasser umgehen kann, bleibt er erst einmal liegen und genießt die Aussicht und die Erfahrungen mit all dem Neuen, das in einem Flussbett anzutreffen ist. Er lernt die Berührungen des Wassers kennen, die der Fische und all der anderen Dinge, die sich durch das Wasser bewegen.

Währenddessen werden die Tage im Frühling länger, die Sonne scheint wärmer. Und so schmilzt der Schnee von den Hängen über dem Fluss. Es fließt mehr Wasser im Fluss und der Stein spürt, dass der Druck auf ihn größer wird. Er beginnt sein Gewicht zu verlagern, um beweglich zu werden.

Mit dem Fortschreiten des Frühlings nimmt der Druck des von oben herabfließenden Wassers derart zu, dass der Stein nach unten geschoben wird. Leichtere Steine kullern an ihm vorbei, stoßen ihn etwas an oder bleiben für eine Weile bei ihm liegen. Behutsam und geduldig lernt er, sich um die größeren Steine herumzubewegen und bei mehr oder weniger gezielten Zusammenstößen seine Ecken abzurunden. So wird er auf seinem Weg weniger kantig und dadurch beweglicher.

Sobald der meiste Schnee an den unteren Hängen geschmolzen ist und die Sonne länger scheint und dadurch mehr Wasser verdunstet, wird der Fluss ruhiger.

Unerwarteter Besuch

An einem Nachmittag eines heißen Tages hat sich plötzlich etwas verändert. Anfangs merkt er es gar nicht. Nur ein kleiner Teil von ihm ist im Wasser, der Rest wird von der Sonne gewärmt. So wie die meisten Steine verbringt er viel Zeit in einem Zustand, in dem er mehr in sich hineinfühlt, als nach außen zu schauen. Dann ist er sehr mit den Steinen in der Tiefe unter der Oberfläche der Erde verbunden.

Während er also in der Sonne liegt und in sich ruht, fühlt er eine Berührung, die ein bekanntes, sehr schönes Gefühl anklingen lässt. Etwas Unsichtbares legt sich auf ihn und berührt ihn an jeder Stelle über dem Wasser auf eine einzigartig weiche Art. Er taucht mit seiner Aufmerksamkeit aus den Tiefen des Steindaseins auf und wird von der leichten Stimme der Brise begrüßt.

»Hallo, Stein, ich freue mich so, dass ich dich gefunden habe. Es war gar nicht so einfach. Aber weil ich wusste, dass du das Flussbett nicht verlassen hast, bin ich einfach immer wieder rauf und runter geweht. Ich habe nicht damit gerechnet, dass du schon so weit gekommen bist. Aber jetzt habe ich es ja geschafft.« Sie legte sich mit ihrem ganzen Gewicht und mit ihrer Wärme auf ihn.

So liegen sie eine lange Zeit, in der sie einander fühlen, und sprechen erst einmal gar nichts. Sie ruht sich aus und er genießt die Gefühle, die ihre Gegenwart auslöst.

Dann beginnen sie damit, sich von ihren Erlebnissen seit ihrer Trennung zu erzählen. Sie konnte ihn erst jetzt gefahrlos besuchen, weil es davor zu schnell wieder abkühlte. Immer wenn sie zu ihm kommen wollte, musste sie sich wegen der Kühle schnell wieder aus dem Tal, in dem er liegt, zurückziehen. Als es dann warm genug geworden war, brauchte sie viele Tage, um ihn unter all den anderen Steinen zu finden.

Sie bleibt bei diesem ersten Wiedersehen bei ihm, bis die Sonne sich dem Berg nähert, hinter dem sie gleich verschwinden wird. Als es kühler zu werden beginnt, steigt sie schnell nach oben, ruft ihm aber dabei noch zu, dass sie zurückkommen werde.

Und das tut sie dann auch. Sie kommt jeden Tag. Nur wenn der Himmel bedeckt bleibt und die Wärme nicht in das Flusstal kommt, muss sie in den warmen Luftschichten bleiben. Und so begleiten sie sich durch den Sommer bis spät in den Herbst.

Im Laufe vieler Frühlinge bewegt sich der Stein den Fluss hinunter. Wann immer es warm genug ist, besucht die Brise ihn. Sie geben sich die Erfahrungen, die sie geben können. Der Stein das Gefühl der Festigkeit und der klaren Form, der Unempfindlichkeit gegen äußere Einflüsse und das Gefühl der Verbindung in die Tiefen der Erde. Die Brise ihre weiche

Beweglichkeit und Geschwindigkeit, auch den Überblick über die Erde und die Verbindung zur Weite über den Luftschichten.

Beide verändern sich in der Zeit. Der Stein wird runder und wesentlich erfahrener im Umgang mit dem Wasser. Die Brise wird geschickter und kraftvoller. Manchmal bringt sie Freundinnen mit und schiebt ihn aus dem Schatten an eine Stelle, wo sie länger bei ihm sein kann. Sie lachen miteinander und sind sich so nahe, wie es nur geht.

Der Ruheteich

Eines Sommers, als er nach den Frühlingsströmungen nur noch langsam weiterrollt, spürt der Stein einen weiteren von vielen Wasserfällen vor sich.

Die Strömung nimmt schon seit einigen Tagen zu. Das Geräusch fallenden Wassers und die Nebelfahnen, die der Wind im Tal verbreitet, erzählen von einem großen Wasserfall. Ein Stück hinter der Kurve stürzt der ganze Fluss rauschend in die Tiefe. Unten ist im Laufe der Jahrtausende ein kleiner aber tiefer See entstanden, in dem das Wasser nach seinem Fall für eine Weile zur Ruhe kommt. Pflanzen haben sich am Grund des Sees angesiedelt und färben ihn heiter grün und gelb.

Am Rande des Sees hat sich ein kleiner Teich gebildet, der vom See abgetrennt ist. Ein Damm trennt ihn vom übrigen Flussbett ab. Er besteht aus Steinen, angeschwemmtem Sand und Ästen, die irgendwann in der Vergangenheit angetrieben wurden.

In der meisten Zeit des Jahres sickert das Wasser aus dem großen See nur sehr langsam durch den Damm. Mit dem Tauwasser des Frühjahrs und nach heftigen Regenfällen steigt das Wasser und der Fluss überwindet die Abgrenzung. Dann wird auch der Teich von stärkeren Strömungen durchflossen. Blätter werden hineingeschwemmt, kleine Äste und manchmal auch ein größerer Stein. Das schwimmende Material wird meist gleich wieder hinausgetragen, die Steine bleiben jedoch länger liegen.

Der Teich ist wie eine Ruhestation im Leben eines Steines. Hier wird er sehr langsam bewegt. Dabei schließen sich seine Risse und er wird sanft geglättet. Er kann einige Zeit dort bleiben. Wenn er es geschickt einrichten würde, sogar für Tausende von Jahren.

Vor dem Sturz

Oberhalb des Wasserfalls rollt der Stein langsam das Flussbett herunter. Er nähert sich der breiten Stelle vor dem Abgrund. Seinem Äußeren ist anzusehen, dass er gut auf sich aufgepasst hat. Seine Oberfläche ist abgerundet. Das macht ihn beweglicher. Auf einer Seite ist jene Vertiefung zu sehen, in der die Brise Schutz gefunden hatte. Auf ihr kommt er meist zum Stillstand, wenn die treibende Kraft des Wassers nachlässt. Um ihn dann wieder ins Rollen zu bringen, braucht es schon etwas mehr Druck.

Der Stein hat keine Eile. Ohne wirklich zu wissen, was auf ihn zukommt, genießt er seinen Weg und die schönen Momente mit der Brise. Sie erkundet immer wieder den weiteren Flusslauf, um den Stein auf schwierige oder gar gefährliche Stellen vorzubereiten.

Der warme Sommer hat eben erst begonnen und sie wissen, dass sie nun wieder eine lange Zeit miteinander haben werden. Deshalb möchte er den Teich unterhalb des Falles nutzen, um am Ufer liegen zu können. Dort kann er sich tagsüber von der Brise aus der Welt erzählen lassen und sie nachts unter sich in seiner kleinen Vertiefung vor der Kälte schützen.

Außerdem will er sich in dem kleinen Teich, von dem ihm die Brise erzählt hat, noch einmal glätten und runden lassen, um auf seinem weiteren Weg beweglich zu bleiben. Danach würde er leichter rollen und weniger anecken.

Seit er den Berghang verlassen hat, erlebte er auch außerhalb des Flusses schöne Zeiten, in denen er längere Zeit irgendwo lag. Wenn er nicht vom Wasser bewegt wird, ist die Fortbewegung schließlich die Ausnahme, und so ist Geduld ihm praktisch angeboren. Außerdem hatte er in den warmen Jahreszeiten immer die schöne Gesellschaft der Brise, sodass ihm nie langweilig geworden wäre – wenn er überhaupt zur Langeweile fähig gewesen wäre. Zum Glück kennen Steine aber keine Langeweile. Sie sind wirklich gut im Nichtstun.

In den kalten Monaten, wenn sie nicht bei ihm sein kann, ist sie in der Welt unterwegs und merkt sich alles ganz genau. Sobald Stein und Brise dann wieder zusammen sind, erzählt sie ihm alles, was sie in ihrer Abwesenheit gesehen und erlebt hat.

Das Warten

Am Ende des Frühlings und nachdem die getauten Wasser stromabwärts geflossen sind, lässt die Strömung fast von einem Tag auf den anderen nach. Der Stein kommt an einem sonnigen Plätzchen zur Ruhe. Seit einiger Zeit hat er gespürt, dass irgendwo vor ihm ein Wasserfall ist. Steine spüren das an den Strömungen, die sich zu verändern beginnen, und an der Luft, die über dem Fall verwirbelt wird.

Von der Brise hat er viel über die Luft gelernt. Deshalb kann er Abweichungen von der Normalität in der Luft viel besser deuten als andere Steine.

Je mehr er sich nun dem Wasserfall nähert, desto spannender werden seine Tage. Ein Wasserfall ist an sich nichts Neues für ihn, weil er schon viele Wasserfälle besucht hat. Nachdem er die ersten Male unerwartet hinuntergestürzt war, hatte er sich lange vor dem Geräusch gefürchtet, das einen weiteren Fall ankündigt. Er nahm sich allerdings die Zeit, zu lernen, damit umzugehen. So konnte seine Angst sich auflösen. Eines Tages dann liegt er an einer geschützten Stelle in einer kleinen Ausbuchtung des Flussbettes. Dort ist das Wasser sehr ruhig und auch schön warm.

Menschen denken, dass Steine einfach so mitrollen, vom Wasser angetrieben werden. Aber wir haben die Freiheit, uns vorzustellen, dass es anders ist. Steine können ihren Weg in der Freiheit unserer Fantasie schon auch mitbestimmen. Auf ihre Weise. Aber nicht alle nutzen dieses innere Wissen. Die meisten verzichten darauf, weil sie vor langer Zeit gelernt haben, dass es sehr anstrengend ist, und weil sie denken, dass es ihre Bestimmung letztlich nicht ändert. Insofern ähneln sie den Menschen. Vielleicht hängt es damit zusammen, dass auch in den Menschen Steine sind – in Form von vielen kleinen Teilchen, auch Mineralien genannt. So entsteht ein Austausch zwischen den Steinen und den Menschen, den Letztere so gut wie nie bemerken.

Allmählich bringt die Strömung den Stein in die Nähe der Kante, von der er bald fallen wird. Er weiß, dass er nun aufpassen muss, will er nicht beschädigt werden.

Früher, als er noch unerfahren war im Umgang mit Wasserfällen, ließ er sich unbeschwert in die Abgründe fallen, unwissend, was auf ihn zukommen würde. Manchmal ging das gut und er konnte es genießen, wie er schwerelos fiel, vom Wasser abgebremst wurde und tief eintauchte. Manchmal schlug er aber auch auf den Boden oder sogar auf andere Felsen auf. Dadurch verlor er so manches Stück an Substanz.

Nach einigen harten Aufschlägen näherte er sich eine Zeit lang mit zunehmendem Respekt den Abgründen und sogar mit etwas Sorge, soweit er dazu eben fähig war. Diese Sorge war zwar unangenehm, weil er umso mehr an einen harten Aufprall dachte, je näher er auf den Fall zutrieb. Aber sie war auch nützlich, weil sie dazu führte, dass er lernte, auf sich aufzupassen und sich zu schützen.

So begann er, sobald er wusste, dass er sich einem Fall näherte, auf die Geräusche zu achten, die das Wasser beim Aufprall auf verschiedenen Untergründen macht. Wenn es in tiefes Wasser fällt, in dem keine Steine an der Oberfläche zu befürchten sind, klingt es beruhigend, es murmelt heiter vor sich hin. Wenn es in flaches, sandiges Wasser fällt, klingt es heller, aufgeregter, aber immer noch gedämpft. Wenn jedoch gleich unter der Oberfläche Steine liegen, die dem Fallenden gefährlich werden können, dann klingt das Wasser hell und irgendwie bedrohlich, als wäre es wütend.

Als er es satt war, sich zu sorgen und weiter zersplittert zu werden, nahm er sich schließlich vor jedem Fall die Zeit, sich sehr langsam anzunähern und gründlich zu lauschen, von wo aus der Fall am wenigsten gefährlich war.

Er legte sich so nahe wie möglich an den Abgrund hinter einen großen Stein und lauschte. Die Steine, die nahe genug vorüberrollten, versuchte er zu warnen. Wenige hörten auf ihn und warteten mit ihm. Die Unbekümmerten konnte er zwar nicht aufhalten, aber er konnte von ihnen lernen. Er beobachtete die Stelle, von der sie fielen, und ordnete das Geräusch des Aufschlags diesen Positionen zu. Auf diese Weise konnte er immer genauer bestimmen, wie tief das Wasser unten war.

So macht er es auch dieses Mal. Er wartet und lauscht. Die Brise, die seit einigen Tagen zurückgekehrt ist, erzählt ihm zusätzlich, wo er weich fallen wird und welchen Weg er dorthin wählen sollte.

Sich fallen lassen

Irgendwann ist es soweit, und er fasst den Entschluss, seinen Weg weiterzurollen. Er überlässt sich gerade so weit dem Druck des Wassers, dass er selbst bestimmen kann, wohin es ihn trägt. Er lässt sich dorthin treiben, wo es unter dem Wasserfall am tiefsten sein wird, und wartet noch einmal in aller Ruhe, bis der Fluss genügend Wasser führt.

Dann lässt er sich vorsichtig näher zur Kante schieben. Seitdem er weiß, dass ihm nichts passieren kann, genießt er jeden Fall und auch das Gefühl davor. Er empfindet dabei ein unvergleichliches Gefühl der Freiheit.

Die Brise ist meistens bei ihm, wenn er irgendwo hinunterstürzen muss, um seinen Weg fortzusetzen. Sie weiß schon lange im Voraus, wann er wieder an einen Wasserfall kommen wird. Sie ist dann etwas besorgt, und wann immer die Strömungen der

Winde es zulassen, kommt sie zu ihm, um ihn zu schützen.

Während er abwägt, wann er von wo fallen will, hält sie sich in seiner Nähe in einer warmen Luftschicht auf und beobachtet ihn. Sobald sie sieht, dass er zu fallen beginnt, fliegt sie unter ihn und nimmt alle ihre Kraft zusammen, um ihn von unten zu stützen. Sie umhüllt ihn und drückt mit viel Kraft nach oben. Sie ist sehr stark und kann sich auch Hilfe holen. So kann sie ihren Stein vor jedem Untergrund schützen – falls sie beim Fall dabei ist. Weil mancher Wasserfall aber im Winter überwunden werden muss, verlässt er sich lieber in erster Linie auf seine Erfahrung und bildet sie weiter aus.

Den Fall empfindet er sehr bewusst. Ganz deutlich fühlt er, wie er sich Gramm für Gramm aus der Schwerkraft löst, sobald er zu kippen beginnt. Diesen Moment verzögert er gerne noch etwas, balanciert zwischen seiner Schwere und der Bodenlosigkeit. Immer mehr seines massiven Körpers ragt in die Leere. Wasserdruck und Schwerkraft geschickt nutzend, bleibt er eine Weile auf der Kante liegen.

Schließlich lässt er los und fällt senkrecht nach unten. Er genießt den freien Fall und übergibt sein ganzes Gewicht der Luft und der Brise. Er wird immer schneller und kommt sogar vor den Tropfen unten auf, die mit ihm abgesprungen sind. Im Fallen sieht er den See näher kommen und genießt es, aufgefangen und sanft abgebremst zu werden.

Wenn der Fall sehr tief ist und der Untergrund nur aus tiefem Wasser besteht, dann spielt die Brise gerne mit ihm. Sie fängt ihn auf, sodass er fast in der Luft schwebt, dann lässt sie ihn los und drückt manchmal sogar noch mit Kraft von oben, damit er noch schneller wird. Wenn die Zeit ausreicht, dann fängt sie ihn manchmal noch einmal vor dem Auftreffen auf der Wasseroberfläche und lässt ihn ganz sanft eintauchen.

Am Grund des Sees liegt er ein Weilchen im Sand und erlebt den Fall noch einige Male in der Erinnerung nach. Dann nutzt er die Strömung und lässt sich rollen, um nachfolgenden Steinen aus dem Weg zu gehen.

Die Zeit direkt nach dem Fall ist für die Brise manchmal schwierig. Die langen Zeiten, in denen er tief unter Wasser ist und sich erst wieder an die Oberfläche arbeiten muss, fallen ihr oft schwer.

Ganz tatenlos ist sie auch dann nicht. Sie versucht, in den Luftblasen, die durch das herunterstürzende Wasser in die Tiefe geraten, zu ihm zu kommen. Aber manchmal liegt er ungeschickt. Dann kann sie nur warten.

Einmal hat sie sich so gut in seine Einkerbung eingeschmiegt, dass sie mit auf den Grund getragen wurde. Durch ihre Leichtigkeit sank er langsamer auf den Grund als sonst. Aber sobald der Stein durch eine Strömung nach oben gedreht wurde, konnte sie sich nicht mehr lange halten und stieg als Luftblase auf. Natürlich ist so etwas nur möglich, wenn das Wasser sehr warm ist.

Von oben auf der Kante hat der Stein auf der ruhigen Seite des Flusses den klaren Teich gesehen, den er ansteuern will, um etwas für seine Rundungen zu tun. Er kennt jetzt also die Richtung, in die er sich bewegen will. Mithilfe des Schmelzwassers aus den Bergen wird der Damm bereits überschwemmt. Es fehlt nur noch wenig mehr Druck, um den Stein komfortabel in den Teich treiben zu lassen.

Er wartet noch etwas ab, bis er spürt, dass der Druck stark genug ist. Dann lässt er sich in die Strömung rollen und fließt mit einem Schwall Wasser über den Damm.

Der Empfang

Kurz hinter dem Damm sinkt er mit seiner Schwere in eine Vertiefung, in der er erst einmal liegen bleibt. Der weiche Sand nimmt ihn auf und der Stein freut sich auf die nun kommende Zeit im ruhigen Wasser. Der Teich liegt so günstig, dass er sich in der Sonne erwärmen kann, und bietet eine ideale Umgebung für eine schöne Zeit mit der Brise.

Bei seiner Ankunft wird der Stein von einem großen alten Karpfen beobachtet, der gut getarnt hinter einer Wasserpflanze liegt, fast vollständig im Sand eingegraben. Der Karpfen hat schon mehrere Steine ankommen sehen und er ist immer wieder fasziniert, wie entspannt sie dort zur Ruhe kommen. Er hat es noch niemandem erzählt, weil er weiß, dass man es ihm nicht glauben würde, aber wenn sie ankommen, dann lächeln sie! Die Steine entspannen sich und lächeln. Da sie kein Gesicht haben, ist diese Reaktion der Entspannung nicht nur dort zu sehen, wo das Gesicht wäre, wenn sie eines hätten. Das Lächeln bedeckt die ganze Oberfläche.

Das Lächeln eines Neuankömmlings gehört zu den Highlights seines Karpfenlebens in der Bucht neben dem Wasserfall. Er freut sich jedes Mal, wenn er es sieht. Deshalb liegt er dem Damm gegenüber, wann immer er Zeit dazu hat.

Er hofft, irgendwann zu erkennen, wie er sich so locker sinken lassen kann, wie nur die Steine es können. Viele Karpfen versuchen das. Deshalb liegen sie so oft auf dem Boden der Teiche. Sie versuchen, soviel Spannung wie möglich loszulassen, um wie ein Stein auf den Grund sinken zu können. Aber noch keinem ist es bisher so richtig gelungen.

Der Neue gefällt ihm besonders gut. Er ist schön hell und wirkt sehr zufrieden. Er nimmt sich vor, ihn zu beobachten und sich um ihn zu kümmern.

Jetzt wo er hier ist, freut der Stein sich darauf, ein Weilchen zu bleiben. Die Ruhe und die Wärme im weichen Sand tun ihm gut. Er bewegt sich noch etwas zur Seite, damit ungefähr ein Drittel von ihm von der Sonne beschienen wird, sodass die Brise sich über ihn legen kann, wann immer sie es möchte. Dann genießt er den Augenblick.

Und den danach auch.

Und schließlich alle weiteren.

Die meiste Zeit schläft oder döst er vor sich hin.

Das Wasser hüllt ihn ein, die leichten Strömungen streicheln ihn und er wird dabei behutsam gerundet. Der feine Sand, den die Strömungen an ihm vorbeibewegen, wirkt wie ein mildes Schmirgelpapier. Von Zeit zu Zeit dreht die Brise ihn, damit es allen seinen Seiten guttut.

Während er so daliegt und die guten Dinge geschehen lässt, kann er sich an viele schöne Erlebnisse erinnern und es zulassen, dass sich Wichtiges und scheinbar Unwichtiges sinnvoll in ihm ordnen. Denn eigentlich ist alles wichtig – irgendwie. Er kann seine Pläne für die Zukunft gründlich überdenken und sich auf das wirklich Wesentliche konzentrieren. Zwischendurch, wenn er ein bisschen Abwechslung braucht, beobachtet er den Wasserfall und die Dinge, die von dort mit dem Wasser gebracht werden.

Und immer wieder überlegt er, wie er seine beiden wichtigsten Ziele erreichen kann. Er will ins Meer kommen und doch die Verbindung zur Brise nicht verlieren. Aber wie sollte das gehen? Sie erzählte ihm, das Meer sei so tief, dass es für sie nicht möglich sei, seinen Grund zu erreichen. Sie war während des Winters, wenn sie nicht bei ihm sein konnte, lange Wochen dort und hat es immer wieder aufs Neue beobachtet. Das Meer ist so groß, dass die meisten Steine nie wieder auftauchen, wenn sie erst einmal versunken sind.

Wenn er daran denkt, für immer zu versinken und nie wieder die weiche Wärme der Brise zu spüren, wird es ganz hart und kalt in seinem Innersten. Deshalb schiebt er diese Gedanken gerne beiseite. Aber sie lassen sich nicht wirklich lange wegschieben.

Jetzt, wo er ausruhen kann, merkt er, dass er müde ist. Zu oft hat er seine Oberfläche vernachlässigt. Wenn er müde war und eigentlich schlafen wollte, um sich zu erholen, dann hat er zu oft noch eine Strecke zurücklegen wollen. Das war besonders in den kalten Zeiten so. Er wollte den Winter hinter sich lassen, um der Wärme näherzukommen, damit die Brise wieder zu ihm kommen konnte. Dabei war er nicht selten unaufmerksam und zog sich Macken und Risse zu, die er hätte vermeiden können, wenn er erst nach einer Ruhepause weitergereist wäre.

Früher – viel früher – hatte er noch mehr Ziele, die er erreichen wollte. Zwei oder drei Meere sollten es sein und auch noch ein paar Wasserfälle, von denen er schon gehört hatte. Inzwischen ist er bescheidener geworden und orientiert sich mehr an seinem Gefühl, das ihm sagt, was gut für ihn ist. Und er weiß auch, dass er umso langsamer und mühsamer vorankommt, je weniger rund er ist. Jetzt möchte er beweglich sein und viel Zeit mit der Brise genießen.

Er nimmt sich vor, so lange zu bleiben, bis er sich wirklich gründlich erholt hat.

Der Prozess der Rundung nimmt seinen Gang. Das Wasser hat sich in der Sonne erwärmt und umschmeichelt ihn. Er nimmt die Wärme auf und gibt sie an sein Inneres weiter. Durch die Wärme öffnet er sich für die Veränderungen, die ihm guttun werden.

Ganz langsam wird er dabei immer weniger kantig – auch in seinem Inneren. Steine und Wasser bewirken zusammen eine sanfte Abflachung der stärksten Kanten.

Weil es ein sanfter Vorgang ist, der aber gleichzeitig harten Stein verändert, geht dieser Prozess sehr langsam voran. Würde er zu schnell gehen, dann verlöre der Stein zu viel von seiner Substanz und würde nicht wirklich geglättet.

Und die Brise hilft ihm auch bei diesem Geschehen. Unermüdlich dreht sie ihn hin und her. Ihre Berührung und der kaum spürbare Wasserdruck bewegen ihn innerhalb des Teiches ganz langsam weiter. An manchen Stellen hilft sogar der Karpfen nach. Wenn er den Eindruck hat, es müsste noch mehr abgeschliffen oder aufgefüllt werden, dann schiebt er ihn mit seinem weichen Maul so lange zurück, bis er zufrieden ist mit dem Ergebnis.

Je mehr der Stein sich vom Eingang des Teiches entfernt, desto geringer wird der Wasserdruck und desto kleiner sind die Steine, die über ihn hinwegrollen und seine Kanten glätten. Auf diese Weise wird die Arbeit immer sanfter, die zu seiner Abrundung führt.

Er hat viel Zeit und genießt die sanften Veränderungen. Dabei erinnert er sich an schöne Erfahrungen aus seiner Vergangenheit.

Auf dem Trockenen liegen

Es gab Zeiten, da lag der Stein lange außerhalb des Wassers. Das konnte wirklich lang sein – selbst für einen Stein. Aber auch die Zeiten ohne Fortbewegung waren interessant für ihn. Denn ein Stein liegt nicht einfach so herum, wie es für den flüchtigen Blick eines Menschen scheint. Zeit ist sowieso nicht das Gleiche für ihn wie für die Menschen, von denen er meist nicht beachtet wird.

Obwohl sich seine Lebenszeit nach Jahrtausenden bemisst, liebt er jeden einzelnen Tag. Im Gegensatz zu den Menschen hat er keine Eile, er weiß nicht einmal, wie sich das anfühlt. Er kennt es nur als Wort der Menschen, deren Sprache er gelernt hat, indem er ihnen immer wieder zuhörte, sobald sie sich in seiner Nähe im Gras oder im Schatten eines Baumes ausruhten.

Früher lag er immer nur an einer Stelle, weil er noch viel zu groß und schwerfällig war. Dann ruhten sich Bergwanderer auf ihm aus. Im Sommer waren es mehr, im Winter waren es weniger. Er war meist sauber und glatt, darauf achtete er schon immer. Das gefiel den Menschen und war bequem für ihre weichen Körper mit ihrer empfindlichen Haut. Er gab ihnen von der Sonnenwärme, die er gespeichert hatte, und lauschte ihren Gesprächen.

Es ist zwar so, dass auch die Menschen vom Stein lernen können, dass auch sie ihm lauschen können. Weil aber nur wenige sich darauf verstehen, sich dem

Stein mit ihrem Innersten zuzuwenden und seinem Wissen zu lauschen, lernt meist nur der Stein vom Menschen.

Dabei könnte er ihnen so viel erzählen. Zum Beispiel, wie viele verschiedene Untergründe es gibt und wie es sich anfühlt, wenn man nicht einfach nur so daliegt, sondern sich auf den Boden einstellt, auf dem man liegt. Sich nicht nur äußerlich, sondern auch innerlich mit der Erde verbindet und auf diese Weise erfahren, was Erde eigentlich ist. Die Geheimnisse der Tiefe kennenlernen und erfahren, dass man sich in der Tiefe mit allem verbinden kann, dass dort alles lebt. In verschiedenen Geschwindigkeiten. Dass dort alles spricht – irgendwie.

Denn auch im Menschen sind viele kleine Teile der Steine. Wenn er sich dessen bewusst wäre und sich in diese kleinen Steine hineinfühlen würde, dann könnte er die großen Steine besser verstehen.

Das Leben zu zweit unter dem Baum

Es gibt Böden, in die er tief hineinsinkt, in denen er zeitweise sogar völlig versunken war. An anderen Stellen hält ihn Kies oder ein Fels an der Oberfläche. Einmal lag er zwischen zwei Wurzeln eines Baumes, die ihn allmählich überwuchsen, sodass er irgendwann gar nicht mehr zu sehen war. Es war gleichbleibend warm dort und sehr still. In der Stille des Baumes hörte er das erste Mal seinen Herzschlag.

Gut, ein Stein hat kein Herz wie ein Mensch. Aber er verändert sich und bewegt sich dadurch auch innerlich. Das ist der Herzschlag des Steines.

Unter den Wurzeln des Baumes lebte die Brise bei ihm. Während des Sommers war sie nur nachts bei ihm und erzählte ihm von der Welt, die sie tagsüber gesehen hatte. Dann lag sie bei ihm und fühlte sich mit ihm wohl. Im Winter blieb sie bei ihm in der warmen Erde. Dann war alles unwichtig und die Zeit stand still.

Während die Erde schwer auf ihm lastete, hatte sie unter ihm im Kleinen gewirbelt und dadurch Raum geschaffen, sodass sie Platz hatte, um sich gemütlich einzurichten.

Als Stein wusste er, dass er irgendwann wieder an die Oberfläche kommen würde. Steine kennen keinen Tod. Nur ein langsames Kleiner-Werden. Alle kleinen Einzelteile, die sich je vom ursprünglichen Stein gelöst haben, bleiben über ihr Bewusstsein immer miteinander verbunden. Deshalb kennen die kleinen und die großen Steine fast alles auf der Welt durch ihre einzelnen Teile.

Wenn es kühler wurde, dann wehte die Brise an ihren Platz unter den Stein und sie kuschelten miteinander. Während sie an kalten Tagen und nachts in ihrem warmen Raum schwebte, erzählte sie dem Stein von ihren Erlebnissen. Ihre Erzählungen waren für ihn, als würde sie ihn mit nach oben tragen, so sah er das Licht und die Farben des Tages auch aus ihrer anderen Perspektive, während er vollständig mit Erde bedeckt war und in der Dunkelheit ruhte.

Von oben hörten sie so gut wie nichts. Außer, wenn es stark regnete, dann hörten sie in ihrer Höhle die Tropfen über sich aufprallen und der Stein spürte das sickernde Wasser an seiner Oberfläche. Sie hatten dafür gesorgt, dass es nicht unter ihn gelangen konnte, sodass sie immer trocken blieb. Sie lauschten dem Wasser, das in den Baum strömte. Er nahm es mit seinen Wurzeln aus der Erde auf und es floss in seinem Inneren nach oben. Über den Stamm in die Äste, Zweige und Blätter des Baumes.

Schon bald hatten sie begonnen, sich mit dem Baum zu unterhalten. Der erzählte ihnen, was er sah und wie die Welt sich um ihn verändert hatte, seit er hier wuchs. Er lehrte sie, die Welt mit den Augen eines Baumes zu betrachten, der sich erst von seinem Platz lösen konnte, wenn seine Wurzeln die Erde losließen. Das kannte der Baum von seinen Freunden und von seiner Familie. Je älter er wurde, desto häufiger sah er auch, wie die sehr alten und die schwachen Bäume umkippten.

Nach vielen Sommern, in denen die Brise sich mit der warmen Luft verband, und gleich vielen Wintern, in denen sie mit dem Stein eins wurde – soweit es eben möglich war –, erzählte der Baum, dass er nun seit dem letzten Winter weniger Kraft hatte. Der Winter war trocken gewesen, dadurch wurde er geschwächt. Einige Wurzeln waren gestorben und er konnte sie nicht mehr alle erneuern. So begann er, sich auf die Seite zu neigen.

Irgendwann war es soweit, der Baum legte sich so sehr auf die Seite, dass er das Gleichgewicht verlor. Er konnte sich nicht mehr in der Erde halten und seine Wurzeln lösten sich vom Stein. Es dauerte dann nicht mal mehr einen ganzen Frühling, bis der Regen den Stein wieder freigewaschen hatte.

Da er neben einem Pfad lag, auf dem Rehe und Wildschweine durch den Wald liefen, wurde er eines Morgens von einem alten Bock, der ihm etwas Gutes tun wollte oder seine Beine einfach nicht mehr richtig heben konnte, im Vorübergehen an einen Abhang gekickt. Im Tal war das Rauschen eines Flusses zu hören. Ein Gewitterregen weichte die Erde unter ihm schon im kommenden Sommer so weit auf, dass der Hang schließlich ins Rutschen kam und ihn ins Wasser rollen ließ, in dem er sich seither wieder bewegt. Die Brise hatte ihren Mut zusammengenommen, klammerte sich in die Spalte, die den Stein oberflächlich durchzog und rollte mit ihm ins Wasser. Dort löste sie sich schnell, denn das Wasser war kalt. Sie stieg als Luftblase auf und legte sich zum Trocknen auf den Stein, dessen obere Rundung in der Sonne lag. Ganz aufgeregt von diesem Abenteuer genoss sie die warmen Sonnenstrahlen.

Später erzählte sie ihm, dass der Baum nicht ganz von alleine umgekippt war. Sie war des Wartens müde geworden und hatte einige kräftige Winde versammelt. Gemeinsam hatten sie dann so lange am breiten alten Stamm gedrückt, bis er umfiel und den Stein freigab.

Auch der Stein liebt die Sonne und ihre Wärme. Sie tut ihm gut. In ihr kann er sich ausdehnen und er fühlt sich in ihrem Licht leichter. Sie nimmt das Wasser von ihm, das sich in seinen vielen Spalten und Rissen angesammelt hat.

Die Sonne bringt ihm auch einige Pflanzen näher. Wenn er irgendwo liegt, wo es häufig regnet und doch auch warm ist, dann wachsen Pflanzen auf ihm. Meist ist es helles oder dunkles grünes Moos. Es ist weich und dämpft alles ab, was von außen kommt. Es fängt Regentropfen, sodass sie nicht mehr auf ihn prasseln, sondern nur noch leise und sanft auftreffen – wenn sie überhaupt zu hören sind. Geräusche wie das Zwitschern der Vögel am Tag oder das Knacken der Baumrinden in der Sonne, die Schritte der Mäuse und der Katzen in der Nacht hört er unter dem Moos nur noch gedämpft.

Er mag es, wenn die Geräusche weich werden. Vielleicht, weil es für einen Stein doch recht selten ist. Meist liegt er nackt irgendwo rum und alle Geräusche finden sofort zu ihm, ohne zu bleiben. Kaum sind sie da, prallen sie schon wieder ab. Unter dem Moos aber kommen sie langsam und bleiben auch. Sie versetzen ihn sogar in leichte Schwingungen und helfen ihm so, sich auf der Stelle zu bewegen.

Manchmal wachsen auch Blumen auf ihm. Zuvor sammeln sich Erde und Sand in seinen Vertiefungen, die von Winden herangetragen werden. Irgendwann findet ein Samenkorn die richtige Stelle und bleibt bei ihm. Es wächst und wird in manchen Fällen zu einer Blume oder zu einer ganzen Familie, zu einem Strauß.

Die Brise findet dann unter den Pflanzen, die auf ihm wachsen, neue Unterschlüpfe. Sie spielt mit den Blättern und Halmen der Pflanzen und bewegt dabei auch deren Wurzeln, mit denen die sich in seiner Oberfläche festhalten. So kann sie ihn indirekt und doch fest berühren. Das ist eine andere Art von Nähe.

Während des ganzen Sommers liegt er dort im Wasser. Mal mehr oder weniger tief und auf seiner Nordseite von einer kleinen Mooswiese bedeckt.

Dann nähert sich der Herbst, die Regenfälle werden häufiger, die Strömung nimmt zu. Irgendwann beginnt er, sich zu bewegen, und rollt schließlich immer schneller weiter.

Weil es nun deutlich kälter wird, muss die Brise ihn wieder verlassen. Es fällt beiden sehr schwer nach den vielen gemeinsamen Jahren unter dem Baum. Weil aber der Fluss in den Süden fließt, werden die Sommer länger werden. Das tröstet sie beide, heißt es doch, dass die Zeiten der Trennung weniger lang werden und irgendwann sogar ganz aufhören.

Freundschaft mit einer Katze

Als in einem Frühjahr besonders viel Hochwasser im Fluss war, wurde sein Bett zu klein und er breitete sich weit über seine Ufer aus. Der Stein sah es als gute

Gelegenheit, wieder einmal eine Weile außerhalb des Wassers bleiben zu können. Er ließ sich über die Ufer hinaustragen und wurde in die Nähe eines Bauernhauses geschwemmt. Es war mitten in der Schneeschmelze und noch kalt, weshalb die Brise ihn noch nicht besuchen konnte.

Das Hochwasser spülte ihn auf den Bauernhof. Er ließ sich nahe an die Scheune rollen und suchte sich eine unauffällige Stelle, wo er etwas versteckt liegen konnte und niemandem im Weg war.

Als Stein verbrachte er die meiste Zeit seines Lebens, indem er beobachtete, was um ihn herum vor sich ging. Dabei hatte er auch bemerkt, dass es Stellen gibt, die nie jemand betritt, die nie jemand reinigt oder irgendwie nutzt. Diese Stellen sind umso häufiger, je weniger Menschen in der Nähe wohnen oder arbeiten. Eine solche Stelle hatte er an der Scheune entdeckt.

Es fiel ihm leicht, sich dorthin zu rollen, weil er schon damals ziemlich rund war.

Es war ein schöner Platz. Er hatte den ganzen Tag Sonne und konnte das Treiben zwischen dem Stall, der Scheune und dem Wohnhaus beobachten. Weil er abseits lag, kam niemand auf die Idee, ihn wegzuräumen. Durch den sonnigen Platz war es auch sicher, dass die Brise ihn schnell finden und lange bei ihm bleiben konnte.

Sie entdeckte ihn im späten Frühjahr dann auch sehr schnell. Das kommt daher, weil Brisen außerordentlich gut sehen können. Natürlich haben sie keine

Augen, aber sie sehen auf die für den Wind typische Art. Außerdem sprach sie mit den kalten Winden, die auf dem Weg in den Norden an ihr vorbeizogen. Die hatten stets ein (Wind-)Auge auf den Stein, solange die Brise im Süden war.

Lange Zeit blieb er liegen. Auch für die Brise war es schön, die Stille des Bauernhofes zu genießen und auf diese Weise viele Wiesentiere zu erleben.

An der sonnenabgewandten Seite, zwischen ihm und der Scheune, siedelte sich wieder einmal grünes Moos auf ihm an. Das gab ihm ein schönes Äußeres und ließ ihn zumindest teilweise für das menschliche Auge mit dem Grün seiner Umgebung verschmelzen, sodass er nicht mehr gleich als Stein erkennbar war.

Weil es dort eigentlich windstill war und die Wärme sich gut hielt, konnte die Brise während des Tages so nahe und so ruhig auf ihm liegen, dass er sie wie eine weiche Haut fühlte. In lauen Sommernächten schmiegte sie sich in seine Spalten und Ritzen und verschmolz mit ihm. Es waren die schönsten Gefühle, die er kannte. Ihre Wärme ließ das Moos auf ihm besonders gut wachsen.

An diesem Platz besuchte ihn eines Morgens eine Katze. Sie war noch klein und jung und es war einer ihrer ersten Ausflüge. Ihre Mutter hatte er schon oft auf dem Hof gesehen. Jetzt wo er sie sah, erinnerte er sich auch an ihren Vater. Das war ein etwas mürrischer großer und rothaariger Kater, der wild in den Uferbüschen lebte und nur selten zu sehen war.

Nach ihrem ersten Besuch kam die kleine Katze täglich mehrmals vorbei. Ihr Fell war ähnlich hell und mit Spuren von Rot wie die Oberfläche des Steins, sodass die kleine Katze gar nicht sonderlich auffiel, wenn sie neben ihm lag. Tagsüber lehnte sie sich an die Weichheit seines grünen Mooses und genoss die Kühle, die aus ihm aufstieg. Nachts legte sie sich direkt an seine Rundungen und ließ sich aus seiner Tiefe von den gespeicherten Sonnenstrahlen und der Brise wärmen.

Sie kam so oft und blieb so lange bei ihm, dass sie schließlich sogar merkte, dass er sie fühlte.

An einem Nachmittag sprach er sie an, als sie auf einem ihrer beiden Lieblingsplätze lag. Auf der Seite zum Fluss, der Nachmittagssonne gegenüber, hatte sie sich eine kleine Mulde geschaffen, die ganz staubig war. Hier lag sie, wenn die Sonne schien. Manchmal wälzte sie sich auch.

Wenn es zu warm war, wenn es regnete oder ein kalter Wind wehte, aber auch wenn sie ungestört schlafen wollte, lag sie auf der anderen Seite. Dort hatte sie sich eine weitere Vertiefung gegraben, eine kleine Höhle, die mit der Zeit von einer wilden Rose verdeckt wurde und auch bei starkem Regen trocken blieb.

An diesem Tag rauschte der Regen auf die Blätter der Büsche in der Nähe und prasselte dumpf auf das Dach der Scheune. Die Katze war ein bisschen eingeschlafen, als er sie ansprach. Er tat das sehr leise und ganz behutsam, damit sie nicht erschrak, denn er hatte sie sehr gerne bei sich. Er liebte ihr weiches Fell, ihr Schnurren, wenn er sie wärmte und sie sich geborgen fühlte. Und so wollte er auf keinen Fall, dass sie sich vor ihm fürchtete und das konnte leicht passieren, wenn er als Stein plötzlich das Wort an sie richtete. Er sprach also so leise zu ihr, dass sie anfangs denken musste, sie würde träumen.

Und die Katze verstand ihn tatsächlich, ohne sich zu fürchten. Es war keine richtige Sprache, wie die Katze sie von den Menschen kannte, wenn die sie zu ihren Schüsseln riefen oder um sie zu streicheln. Es war mehr eine gefühlte Sprache, bei der man nicht sicher war, wo sie eigentlich ankam. Das Ohr hörte sie bei näherer Betrachtung nämlich nicht und doch kamen die Worte in das Bewusstsein. Der Stein rief Schwingungen in seiner Tiefe hervor, die er an die Oberfläche treiben ließ, damit sie sich auf die Katze übertragen konnten. Das gelang ihm auch schon bei Menschen, aber die waren selten lange genug bei ihm gewesen, um ein Verständnis in sich wachsen zu lassen.

Die Katze spürte die sanften Veränderungen und erwiderte sie. Das wiederum spürte der Stein und er freute sich sehr darüber. Die Freude ließ er in sanften hellen Wellen zur Katze treiben, die sich daraufhin mehr an ihn schmiegte und zu schnurren begann. Von diesem Tag an begrüßte er sie mit der Schwingung der Freude und sie antwortete ihm auf ihre Art.

Nach einiger Zeit wollte er diese Art der Verbindung zwischen ihnen vertiefen. Er ließ sie durch eine andere Schwingung wissen, dass es bald regnen würde, denn er wusste das viel früher als sie. Die Brise sagte es ihm schon Tage vorher. Es war für sie sehr wichtig das zu wissen, weil ein plötzlicher Wetterumschwung unangenehm für sie sein konnte. Er könnte sie lähmen, wenn er ihr die Wärme entzöge. Dann musste sie entweder rechtzeitig fliehen oder sich unter dem Stein verstecken.

Die Katze achtete auf die Veränderung der Schwingungen des Steins und lernte schnell, sie richtig zu deuten. Sie verzog sich danach immer rechtzeitig in ihre Höhle. So kam es, dass er ihr vermitteln konnte, wie das Wetter wurde, und sie sich darauf einstellen konnte.

Etwas später lernte die Katze auch die Brise kennen. Das heißt, sie kannte sie schon lange, weil sie ihre Wärme liebte, die ihr Fell kämmte. Dass die Brise sprechen konnte, erfuhr sie während eines kalten Regens unter dem Stein. Der Stein erzählte ihr, wer sie war und wie sie zueinandergefunden hatten.

Seitdem schützte die Katze die Brise, indem sie sich in kalten Nächten ganz dicht an den Stein legte und so die Kälte daran hinderte, unter den Stein zur Brise zu kriechen.

Der Stein fühlte sich immer besser in die Katze ein. Bald spürte er, wenn es ihr gut ging und auch, wenn sie verletzt war. Wenn es ihr nicht gut ging, konnte er in einer Weise schwingen, dass es ihr half, sich schnell zu heilen.

Durch sein viel älteres Bewusstsein kannte er die Heilkräfte, die besonders in den Tieren und Menschen wirken. Von den Menschen wird dieses Wissen um die Heilung von innen heraus fast nie beachtet und deshalb auch viel zu wenig genutzt. Bei den Katzen ist das anders. Sie leben stärker im Einklang mit ihrem inneren Wissen.

Durch seine besondere Beziehung zu der Katze vom Bauernhof konnte der Stein sein Wissen an sie weitergeben, sodass sie sich selbst auch in sehr schwierigen Situationen helfen konnte. Dazu brauchte sie nur ihre eigenen Heilkräfte akzeptieren und die Absicht fassen, von innen heraus geheilt zu werden. Und weil dazu dann nur noch eine tiefe Ruhe nötig war, lehrte der Stein sie auch das.

Der Mensch würde dazu sagen, er meditiert oder sucht seine Mitte. Wie die kleinen Kinder können die Katzen das von Geburt an. Sobald sie sprechen können, wird bei den Menschen fast nur noch das Äußere wichtig, den Kontakt zu sich selbst verlieren sie schon im Schulalter. Weil es bei Katzen keine solche Schule gibt und weil sie sich so leicht auch nichts erzählen lassen, behalten sie den Kontakt zu sich selbst. Und so brauchte der Stein dieses Wissen nur noch vertiefen.

Nachdem sie gelernt hatten, sich miteinander zu unterhalten, lernten sie vieles, auch Alltägliches voneinander. Der Stein lehrte die Katze, sich dem Untergrund optimal anzupassen und durch kleinste Bewegungen einen immer besseren Kontakt mit dem Boden zu finden. So hätte sie Jahrhunderte auf derselben Stelle liegen können und es wäre einfach nur schön gewesen. Zwar lag sie niemals länger als ein paar Stunden, aber das war etwas, das der Stein wirklich gut konnte, und so lernte sie es von ihm und nutzte es zu ihrem Vorteil.

Die Katze lehrte den Stein, sich auf eine besondere Weise bewusst vorwärts zu bewegen und das Gewicht so zu verlagern, dass er sich leise und für andere unsichtbar anschleichen konnte. Wenn es in Worte übersetzt würde, dann hätte sie wohl Folgendes mit ihm besprochen.

Die Katze begann: »Um eine Maus zu fangen, muss eine Katze so tun, als würde sie sich gar nicht bewegen. Das geht aber nur, wenn ihr ganzer Körper das tut.«

Der Stein antwortete: »Aber wenn sie sich nicht bewegt, dann kommt sie doch auch nie zur Maus.«

»Sie bewegt sich schon, aber alles an ihr bewegt sich gleichzeitig. Alles an ihr hat das Ziel, dorthin zu kommen, wo die Maus ist.«

»Du meinst, auch deine vielen Haare und dein Herz und alles an dir arbeitet nur für dieses eine Ziel?«

»Ja genau«, sagte die Katze begeistert, weil sie merkte, wie gut der Stein sie verstand. »In diesen Minuten des Anschleichens gibt es nichts anderes außer dem einen Ziel, von da, wo ich bin, dorthin zu kommen, wo die Maus ist, ohne dass die Maus es merkt.«

»Aber der Verstand kann doch deine Haare nicht steuern. Er weiß doch gar nicht, wie er die Krallen optimal ausfahren muss und die Atmung und alles andere so einstellen muss, dass alles gut zusammenarbeitet. Wie soll das gehen?«

»Damit alles in mir zusammenarbeitet und auch den Wind berücksichtigt, der mich bremsen könnte oder zu sehr beschleunigen, sodass ich zu kurz springen würde oder über mein Ziel hinausschießen, muss ich alles aus meiner Tiefe heraus steuern lassen. Die Menschen würden sagen, ich muss meine innere Mitte finden. Der Verstand mischt sich da nicht ein. Das ist zu schwierig für ihn und er weiß das. Nur die Menschen geben dem Verstand zu viel Bedeutung. Dadurch überfordern sie ihn und können Mäuse nur mit Fallen fangen oder mit Waffen.«

Jetzt verstand der Stein, um was es ging. In diesen Erfahrungen war er Fachmann: »Ich nenne das den ›bewegten Stillstand‹. Ich verwende ihn, wenn ich mich einem Wasserfall nähere. Dann ist es sehr wichtig, dass ich bestimme, wo und wann ich falle und nicht das Wasser.« Das war zwar nicht ganz das Gleiche, aber die Katze sah es ihm nach.

Der Stein hatte dann noch eine Frage: »Woran erkennt man, was ›gutes Schleichen‹ ist? Wenn man den Verstand dabei zur Ruhe kommen lässt, damit er nicht stört, woher weiß man dann, dass es gut ist, was man tut?«

Die Katze erklärte es ihm: »Am Gefühl. Gutes Schleichen ist, wenn schon vorher klar ist, dass es zum Erfolg führt und das Anschleichen nur noch die Erfüllung dieser Gewissheit ist«.

Der Stein nach einer kurzen Überlegung: »Auch das kenne ich seit einiger Zeit vom ›Anschleichen‹ an einen Wasserfall. Sobald ich das Gefühl habe, dass alles zusammenpasst, brauche ich nur noch mein inneres Einverständnis geben, dann laufen die Dinge ihren Weg, sodass es gut wird und ich an der richtigen Stelle in tiefes Wasser falle .«

Wasser war nicht das, was die Katze wirklich mochte, aber sie konnte sich trotzdem ungefähr vorstellen, was der Stein meinte. Dieses Mal lag er auch schon ziemlich richtig mit seinem Vergleich.

Mit der Fähigkeit des Anschleichens hätte er Mäuse fangen können – später. Jetzt wollte er so lange wie möglich bei der Katze liegen bleiben. Er würde es in einigen Jahren ausprobieren und für sich selbst weiterentwickeln, dann, wenn er wieder unterwegs war zum Meer. Aber er konnte sich gut vorstellen, sich so langsam vor ein Mauseloch rollen zu lassen, dass die Maus es nicht bemerken würde. Die Vorstellung gefiel ihm, aber der Gedanke, dass die Maus dann an ihm kratzen würde, machte ihm ein sehr ungutes Gefühl.

Er hatte nämlich ein kleines Geheimnis, über das er nicht gerne nachdachte, aber mit der Katze konnte er sich getrost darüber unterhalten: Obwohl er alles was ihm begegnete, mit Interesse und Freude betrachtete, mochte er eigentlich keine Mäuse. Es war keine ausgeprägte Abneigung, sie durften auf ihm laufen und sich unter ihm vergraben und auch ihre Flöhe gegen ihn schleudern, aber wenn er ehrlich war, dann musste er sich eingestehen, dass es ihn im Innersten schüttelte, wenn sie ihn berührten. Je kleiner sie waren, desto schlimmer.

Deshalb war er insgeheim auf der Seite der Katze und lernte gerne von ihr, sich an eine Maus anzuschleichen. Natürlich tat er es nie, wie sollte er auch, dafür war er doch viel zu gelassen. Die Maus hätte erschrecken können, wenn er plötzlich ihr Loch versperrt hätte. Aber er spielte mit dem Gedanken! Vielleicht um bei einer Maus auch einmal so ein Gefühl hervorzurufen, wie sie es bei ihm taten. Die würde Augen machen, das hätte sie bestimmt noch nie erlebt, einen Stein, der sich anschlich, um sie zu erschrecken. Und so freute er sich sogar auf die Zeit, wenn er es vielleicht doch einmal ausprobieren würde.

Bis dahin schlich er einfach so zum Spaß vor sich hin. Weil er viel mehr Zeit hatte als jede Katze, konnte er es schließlich sogar besser als seine Lehrerin. Von da an lehrte er andere Katzen, sich anzuschleichen – wenn sie geduldig genug waren, zuvor die gemeinsame Sprache zu lernen.

Besondere Behandlungen

An diese und viele weitere Erinnerungen denkt er gerne, während er sich verwöhnen lässt und seine Gestalt allmählich geschlossener und runder wird.

Dabei liegt er an verschiedenen Stellen des Teiches unterschiedlich lange. Dort, wo besonders tiefe Risse und Spalten geschlossen werden, bleibt er länger, sodass die geeigneten Stoffe angeschwemmt werden können und genug Zeit haben, um sich zu verfestigen, eins zu werden mit ihm. Dort liegt er dann tief ruhend in feinem Sand. Der weiche Sand ist nicht nur bequem, er schützt ihn auch vor den Strömungen.

Die Ruhe ist eine wichtige Voraussetzung für die Abstimmung der einzelnen Schritte. Die Rundung der Vertiefungen wird vom Inneren des Steines unterstützt und ist besser möglich, wenn er sich innerlich darauf einlassen kann. Deshalb wird der Untergrund im Teich umso besser und bequemer, je tiefer die Ruhe sein muss, die bei der Rundung gebraucht wird.

Zur Verfeinerung der Behandlung wird er von der leichten Strömung zur rechten Zeit langsam in diese und jene Richtung über den Grund des Teiches bewegt, wo sehr kleine Steinchen und auch Schlamm ihn weiter glätten.

Es gibt immer wieder Phasen der Ruhe, in denen kein Stein ihn berührt, in denen er irgendwo in einer warmen Ecke einfach nur liegt und die Wärme genießt. Dabei hört er anderen Steinen und Pflanzen zu. Sie erzählen ihm, wie lange sie schon hier sind und wo sie vorher waren. Sie tauschen gegenseitig aus, wie sie sich am besten davor schützen, unrund zu werden. Manche neigen allerdings zum Jammern und Klagen. Das ist ihm unangenehm, er kann auch keinen Sinn darin erkennen. Dann wendet er sich wieder seinen Erinnerungen zu und seinen Zielen, das Meer zu erreichen und dennoch nicht in ihm zu versinken, um bei der Brise bleiben zu können.

So nimmt er bei Bedarf Abstand von den äußeren Dingen und bewahrt dadurch seine innere Ruhe. In seiner Tiefe bewahrt sein Unbewusstes die Erkenntnisse auf, die er im Laufe seines langen Daseins gesammelt hat. In der Ruhe steigt das Wissen aus seiner Mitte in sein Bewusstsein. Es hilft ihm, sich auf das Wesentliche zu konzentrieren und den weiteren Weg zu bestimmen.

Einsichten

Wie wir wissen, denken fast alle Menschen, Steine und Winde könnten nicht sprechen und sie wüssten nichts über die Welt. Aber das stimmt so vielleicht nicht. Jedenfalls nicht in dieser Geschichte. Sie unterhalten sich auf ihre Weise untereinander und sie wissen sehr viel über die Welt. Darunter sind auch Dinge, die Menschen nicht wissen können, weil sie einfach nicht alt genug werden und zu sehr auf die schnellen Veränderungen achten.

Die Sprache des Windes können wir Menschen zwar hören, aber nicht verstehen. Jedenfalls nicht bewusst. Unbewusst, also ohne es so richtig zu bemerken, können wir den Wind nicht nur hören, sondern auch verstehen. Wobei wir uns besser keine Gedanken darüber machen, ob unbewusstes Verstehen überhaupt ein Verstehen ist …

Manchmal sitzen wir einfach so irgendwo rum und denken über etwas nach oder sind einfach ohne Ziel in der Welt. Das gibt es selten, aber es kommt eben vor. Kinder tun es oft. In solchen Momenten hören und verstehen wir Dinge unbewusst. Manchmal ist diese unbewusste Wahrnehmung so dicht, dass sogar die Ahnung eines bewussten Verständnisses entsteht. In solchen Momenten entstehen Bilder in unserem Bewusstsein, die vielleicht der Wind uns übermittelt. Natürlich glaubt unser Verstand nicht, dass die Bilder vom Wind kommen.

Sie handeln oft von fernen Ländern, meist von oben betrachtet – so wie der Wind sie eben sieht. Da sind riesige Wälder, Eisflächen und Meere, aber auch Häuser und Straßen. Da sind aber auch kleine Dinge, wie die Beschaffenheit eines Steines im Inneren vielleicht. Denn der Wind kommt durch jede noch so kleine Öffnung und kann manches deshalb auch im Kleinen betrachten.

So können wir am Erleben des Windes teilhaben. Er zeigt uns, was er gesehen hat. Denn der Wind ist nicht nur mächtig als Sturm. Er ist auch winzig und kommt deshalb überall hin – und er erzählt gerne darüber. Im Vergleich zu den Steinen ist der Wind oft richtig redselig.

Die Sprache der Steine dagegen können wir nicht einmal hören. Jedenfalls nicht mit dem bewussten

Anteil des Hörens. Wir können sie fühlen – wenn wir es wollen und uns auf unsere eigenen Gefühle einlassen. Dort fühlen wir die Steine nämlich – in uns selbst. Wie letztlich alles in uns gefühlt wird, wenn wir Verbindung zu uns haben.

Indem der Stein also dort liegt und die langsame Bewegung abseits des Stromes und die Stille im Teich und in der Pause seiner Reise genießt, wird er innerlich klarer. Er gewinnt tiefe Einsichten in das bewegliche Wesen seiner nach außen festen Gestalt und in seine Verbindung mit allem, was ihn umgibt. Er sieht mit großer Klarheit, wie er seine Zukunft gerne hätte und wie er sie verwirklichen kann.

Also liegt er im weichen Sand und spricht zur Brise über seine Einsichten. Sie liegt warm und bequem in ihrem Sonnenflecken in seiner Nähe, hört ihm zu und ergänzt seine Sichtweisen durch ihre eigenen Einsichten.

Das tun sie oft, wenn wieder einmal eine längere Zeit keine Bewegung für den Stein möglich ist. Dann sucht sie sich ihm gegenüber einen schönen Platz, wenn möglich einen Sonnenfleck, und sie vergleichen ihre Erkenntnisse mit denen des anderen. Auf diese Weise wird ihre Sicht von der Welt und von ihrem Platz in ihr allmählich deutlicher und bewusster.

Er sagt zum Beispiel mit seiner tiefen, irgendwie schweren Stimme:

»Das höchste Ziel eines wandernden Steines ist seine Rundung. Sie macht ihn anpassungsfähig im Umgang mit schwierigen Wegen.«

Er erläutert ihr, was er meint: Solange er rund ist, wird er beweglich bleiben. Sobald seine Gestalt verletzt ist, bleibt er leichter irgendwo hängen und er kommt seinem Ziel langsamer oder gar nicht näher.

Wird er bei fehlender Rundung in den Uferbereich geschwemmt, kann er nur durch eine starke Strömung weiterbewegt werden. Falls der Fluss austrocknet, dauert es oft Jahrtausende, bevor er sich wieder bewegen kann.

Das stimmt nun für einen Wind so nicht. Die Brise fühlt sich in den Stein ein, um zu verstehen, was er meinen könnte, und vergleicht dieses Gefühl dann mit dem Gefühl für sich selbst. Als sie eine Entsprechung für sein Gefühl gefunden hat, sagt sie zu ihm:

»Das höchste Ziel für eine wandernde Brise ist ihre Weichheit und Flexibilität. Dadurch kann sie ihre Gestalt so verändern, dass sie sich auf jedem Weg bewegen kann.«

Das überlegt der Stein einige Tage für sich selbst. Es dauert länger, weil es ihm schwerfällt, sich Weichheit und Flexibilität vorzustellen. Seine Gestalt ist gar nicht weich und gar nicht flexibel. Aber er bekommt eine Ahnung davon, weil die Brise sich durch diese Eigenschaften schon sehr oft in seine Vertiefungen eingepasst hat.

Nun spricht er weiter: »Das Leben bringt unweigerlich sichtbare Veränderungen. Die Veränderung meiner Gestalt ist die Schrift, mit der die Zeit auf mir schreibt. Aus ihr kann ich lesen, was die Zeit mir zu sagen hat.«

Das nachzuvollziehen fällt der Brise wieder sehr schwer. Sie verliert keine Substanz, wenn sie sich über die Erde bewegt. Sie denkt lange darüber nach, was sich im Laufe ihres Lebens an ihrer Gestalt verändert hat. Schließlich stellt sie fest, dass mit den Jahren ihr innerer Kern immer dichter geworden ist. Dadurch kann sie im Sand, in den Pflanzen und sogar – mit der nötigen Geduld – in den Fels schreiben.

So erwidert sie ihm: »Ich bin ein Stift der Zeit und hinterlasse dort Spuren, wo ich gewesen bin.«

Das kennt er gut. Denn auch der Fluss schreibt die Zeit in die Ufer und in die Steine, die er bewegt. Lange hat er nicht in sich hineingefühlt, konnte er nicht lesen, was auf ihm geschrieben wurde. Er hat lange gewartet, bis er sich in einen Teich treiben ließ, der ihm eine bessere Rundung geben konnte. Er weiß nun, dass er seine Rundungen unnötig gefährdet, wenn er nicht in sich hineinlauscht. Seine innere Stimme führt ihn, wenn er auf sie lauscht. Daraus zieht er die Erkenntnis: »Vorsicht schützt die Existenz, aber jedes Sträuben gegen den Lauf der Dinge vergeudet Energie.«

Die Brise kennt das sehr gut, seit sie einen ganzen Winter ruhig liegen musste. Zwar will sie die Nähe mit dem Stein und ihre gemeinsamen Gespräche nicht mehr missen, aber sie hätte gerne auch die Welt gesehen in dieser Zeit und die anderen Winde gefühlt.

Durch sein Drängen nach vorne kam der Stein selten so lange zur Ruhe, dass er in sich hineinlauschen konnte. Dadurch, dass er immer die stärksten Strömungen suchte, war das Äußere so laut, dass er seine innere Stimme meist gar nicht hören konnte. Hätte er früher häufiger auf sie gehört, wäre er jetzt vielleicht noch größer und runder. Aber selbst wenn er seine Stimme einmal hörte, tat er sie ab, weil er dachte, dass das, was aus ihm kam, nie so wichtig sein konnte, wie das, was von außen kam. Er genießt es inzwischen, seine Aufmerksamkeit in der Stille des Augenblicks auf seine Bedürfnisse und Gefühle zu richten: »Um das innere Wissen zu erfahren, braucht es Stille und Aufmerksamkeit für das eigene Fühlen.«

Denn: »Es gibt in mir ein umfassendes inneres Wissen darüber, was zu tun und zu lassen ist, damit ich mich auf eine gute Weise durch die Welt bewege.«

So schwer, wie es ihm fiel, sich zu spüren, so schwer fällt es ihr, Festigkeit zu bewahren. Sobald sie in der Luft ist, vermischt sie sich ständig mit den anderen Brisen, Stürmen und den sonstigen Winden. Manchmal fällt es ihr sehr schwer, wieder die eigene Form zu finden. Sie nimmt sich ein Beispiel an der runden Form des Steines und stellt sich vor, wie es sich anfühlt, wenn sie ebenfalls rund ist. Tatsächlich gelingt es ihr, sich rund zu fühlen. Und immer dann, wenn sie sich rund fühlt, weiß sie, dass sie gut auf sich aufpasst, dass sie ein Ganzes ist und auch inmitten der anderen Winde in sich geschlossen bleibt.

Das formuliert sie für sich und den Stein: »Wenn ich mich in mir auf eine gute Form konzentriere, dann bin ich meiner selbst sicher.«

Der Stein wollte als Nächstes sagen, dass er erkannt hatte, dass er sich wichtig nehmen musste. Seitdem ihm dies klar geworden war, versuchte er nicht mehr, anderen zu gefallen.

»Jeder ist das Wertvollste, das es für ihn selbst geben kann. Der Wert, den man sich selbst beimisst, zeigt sich auch in der äußeren Gestalt.«

Die Rundung ist das Ergebnis der eigenen Wertschätzung. »Ich bin rund, weil ich wertvoll bin, und: Ich bin wertvoll, auch wenn ich nicht rund bin.«

Dem hatte die Brise nichts hinzuzufügen. Außerdem hatte sie gerade keine Lust mehr auf Weisheiten, weil die Sonne weitergewandert war und der kühle Schatten sich näherte.

Die Abreise

Schließlich kommt der Tag, an dem der Stein sich rund genug fühlt und seine Lebensreise fortsetzen möchte. Er lässt sich zum Ausgang des Teiches rollen. Dort werden letzte Verfeinerungen vorgenommen. Eine besondere Pflanze, die nur dort zahlreich wächst, streicht über ihn hinweg und poliert dabei die Oberfläche ganz glatt.

Am Ende wird er von einer stärkeren Strömung schließlich aus dem Teich hinausgerollt, zurück in das Flussbett. Das ist jetzt leicht möglich, weil er so rund wie ein Ball geworden ist und fast von alleine rollt.

Im Uferbereich der nächsten Kurve bleibt er erst einmal liegen. Er fühlt sich stark und freut sich auf die Strömung und den weiteren Weg. Aber er lässt es langsam angehen und wartet, bis der Fluss weniger Wasser führt, sodass die Strömung nicht so stark ist und die größeren Steine, die ihn hätten verletzen können, auf dem Grund zur Ruhe gekommen sind.

Irgendwann lässt er sich hinaustreiben. Er bewegt sich im Randbereich der Strömungen, legt immer wieder Pausen ein, lässt sich von der Brise streicheln, während sie ihm den Geruch des Meeres heranträgt und ihm erzählt, wie die Gerüche sich zusammensetzen.

So schützt er seine Rundungen auf angenehme Weise und erreicht nach einigen weiteren Jahren das Meer.

Das Meer

Viele Steine träumen davon, das Meer zu erreichen und es vielleicht sogar zu durchwandern. Das klingt nun nicht gerade realistisch – für eine menschliche Perspektive –, aber ein Stein überblickt ganz andere Zeiten. Viele von ihnen waren vor langer Zeit schon einmal in einem See oder in einem Meer und sind auf dem Trockenen geblieben, als das Wasser sich zurückzog. Sie haben es also selbst erfahren – oder von anderen gehört.

Gemessen an seiner anfänglichen Größe ist der Stein inzwischen klein geworden. Es ist ihm aber gelungen, so gut auf sich aufzupassen, dass er rund geblieben ist. Dabei hat ihm die Brise hin und wieder mit ihren sanften Armen geholfen.

Jetzt ist er an seinem Ziel, das Meer liegt vor ihm und die Brise ist bei ihm. Für lange Zeit genießen sie es nun, gemeinsam am Ziel zu sein. Wie man es von einem Stein gewohnt ist, liegt er einfach nur da. Sie liegt bei ihm. Entweder über oder auf ihm, wenn die Sonne scheint und es warm ist, oder aber in seinem Windschatten, wenn es kühler ist. Für die kalten Tage haben sie sich wieder eine Höhle unter ihm geschaffen. Sie muss ihn nun gar nicht mehr verlassen.

Zusammen denken sie an die Erlebnisse ihrer gemeinsamen Vergangenheit und auch an die Zeiten, in denen sie getrennt waren. Bekannte Brisen und Winde kommen sie besuchen und hin und wieder trifft auch ein Stein ein, den sie unterwegs kennengelernt haben.

Sie fühlen sich wohl miteinander.

Je mehr er von ihr erfährt, von der Leichtigkeit der Bewegung, dem Spiel mit den Wolken und den Vögeln und von den vielen Landschaften, die sie nicht nur von unten, sondern aus jeder erdenklichen Perspektive sehen kann, desto mehr wächst in ihm der Wunsch, diese Art des Seins auch erleben zu können.

Schon früher, bald nachdem sie sich im Fluss das erste Mal wieder begegnet waren, hatten sie überlegt, wie sie es schaffen konnten, auch dann noch beieinanderzubleiben, wenn der Fluss sich im Meer auflösen würde. Aber es schien nur auf eine Art möglich zu sein. Indem die bewegliche Luft sich an den langsamen und erdgebundenen Stein anpasst.

Jetzt liegt er am Strand auf einem kleinen Sandhügel, unter ihm ist ein tiefes Meer und die Brise weiß, wenn er dort hineinrollt, dann wird er sogar für ihre Zeitbegriffe für eine sehr lange Zeit nicht erreichbar sein.

Um ihn zu sichern, hat sie gleich zu Beginn so viel Sand angehäuft, dass er nicht in Gefahr ist. Sehr geschickt bläst sie, sobald es nötig wird, den Sand auf der Landseite weg, sodass er vom Meer weg rollt. Auf der anderen Seite häuft sie ihn an, damit das Meer, wenn es mit hohen Wellen nach dem Land greift, den Stein nicht erreichen kann.

So gewinnen Sie Zeit, um in aller Ruhe einige Jahre darüber nachzudenken, wie sie beieinanderbleiben können. Eine Möglichkeit wäre, an diesem Ort zu bleiben. Aber irgendwie ist das zu langweilig. Außerdem haben sie beide das Gefühl, dass seine harte Schale es verhindert, dass sie sich wirklich berühren können.

Von seinem Platz aus beobachten sie die Veränderungen des Meeres und lauschen den Stimmen der

Tiere, die vom Meer leben. Dabei hört der Stein vieles, das ihn neugierig macht.

Die Befreiung

In seinem Innersten ist ein Hohlraum, der während seiner Reisen nicht kleiner geworden ist. Als die Brise bei ihm »einzog«, damals am Hang, wurde er sich dieses Raumes das erste Mal bewusst.

Davor fühlte er einfach den Raum nur als Leere in sich. Wie ein unbenutztes Zimmer, dessen Sinn und Potenzial man nicht ermessen kann, solange es nicht genutzt wird. Inzwischen aber fühlt er ganz deutlich, dass *er* im Laufe seiner Reise diese Leere immer mehr geworden *ist*. Der harte Stein stellt die schützende Hülle dar, die von der Leere beseelt und mitgeformt wird.

Je mehr er auf seinem Weg von seinen äußeren Schichten verloren hatte, desto deutlicher hatte er diesen Raum in sich gespürt. Er enthält sein inneres Selbst, das er seltsamerweise umso klarer spürte, je runder er wurde.

Ihm wird bewusst, dass der harte Stein ein ihn schützendes Mittel ist, das er irgendwann verlassen kann. Der Zeitpunkt würde dann reif sein, wenn er sich entsprechend fühlt.

Seit einiger Zeit fragt er sich, was dann passieren mag. Ob er überhaupt ohne seine feste Schale überleben könnte. Dann wieder stellt er sich voller Freude vor, wie er mit der Brise durch die Luft reist und schwerelos an jeden Ort gelangen kann.

Irgendwie macht ihm das auch Angst. So kann er sich eine Weile weder vorstellen, weiter im Stein gefangen zu bleiben, noch ihn zu verlassen.

Eines Morgens ist seine Sehnsucht danach, in die Luft zu steigen und die Brise zu umarmen, so groß, dass er das Gefühl hat, er würde seine Hülle verlassen. Es kommt ihm wie eine Fantasie vor, dass er zur Brise hinaufschwebt und sie berührt. In seiner Vorstellung antwortet sie ihm sogar. Sie ist überrascht, sogar etwas erschrocken, ihm in der Luft zu begegnen. Weil er es nur wie eine Fantasie wahrnimmt, umarmt er sie mutig und ist überwältigt von dem schönen Gefühl, so viel von ihr spüren zu können. Er hat sie nie zuvor so lebendig und weich erlebt. Gemeinsam und ineinander verwoben bewegen sie sich durch die Luft, bis er müde wird von der ungewohnten Bewegung und wieder in seinen Stein zurück schlüpft.

Nach einiger Zeit der Ruhe spürt er die Brise eines Morgens auf seiner harten Schale. Er fühlt sich so fern von ihr und ist sehr traurig darüber, dass er seine Fantasie nicht verwirklichen kann. Während er in seiner Mutlosigkeit innerhalb seiner harten Schale vor sich hinbrütet, hört er, wie sie ihm eine Frage stellt. »Warum kommst du nicht wieder zu mir? Es war so schön, dich so nah bei mir zu fühlen. Komm wieder heraus und wir können ein Stück über das Meer fliegen. Dann zeige ich dir Teile von der Welt, die du noch nie gesehen hast.«

Der Stein, der noch immer denkt, er habe seinen Ausflug nur fantasiert, fragt verwundert: »Wie soll ich aus mir herauskommen? Ich bin doch einfach so, wie ich bin – und als Stein kann ich nicht fliegen. Jedenfalls nicht nach oben. Ich kann nur fallen – nach unten.« Und er erinnert sich an seinen Fall von dem Berghang, nachdem er die Brise bei sich hatte wohnen lassen und an die vielen Stürze an den Wasserfällen.

Die Brise wundert sich: »Aber wie war es denn vor ein paar Nächten? Du warst plötzlich bei mir und wir sind zusammen durch die Luft geflogen. Hinterher habe ich darüber nachgedacht. Ich glaube, der Stein ist nur deine Hülle. Die brauchst du nun nicht mehr. Deshalb konntest du zu mir kommen.«

Sie schweigt eine Weile, und nachdem der Stein auch nichts sagt, spricht sie weiter: »Versuche dich daran zu erinnern. Vielleicht bist du, als du ganz jung warst, in diese Hülle geschlüpft, um vor irgendetwas in Sicherheit zu sein. Vielleicht war das, vor dem du dich schützen wolltest, so schrecklich, dass du es in deiner festen Schale ganz schnell vergessen hast, damit es dich dort nicht einmal in deinen Gedanken bedrohen konnte.«

Wieder schweigt sie. Auch der Stein antwortet nicht. Er lauscht in sich hinein und versucht, sich zu erinnern.

Nach einer längeren Zeit des Schweigens, des Fühlens und Erinnerns spricht sie leise und voller Liebe weiter: »Dein Ausflug zu mir war ein Versuch, der Angst zu entkommen. Weil aber die Angst so groß war in dir, hast du dir nicht erlaubt, dich im wachen Zustand nach draußen zu wagen. Ich glaube, dass du die Hülle nun nicht mehr brauchst.«

Der Stein kann sich ihre Erklärung gut vorstellen und die Aussicht, einen Weg nach draußen zu finden, um sich jederzeit mit der Brise durch die Luft bewegen zu können, erscheint ihm fantastisch schön. Und doch hält ihn etwas fest, das ihn den Weg nach draußen nicht finden lässt.

Die Brise erfasst seine Not und unterstützt ihn: »Du brauchst keine Angst vor einer Erinnerung zu haben. Du brauchst sie gar nicht anzuschauen. Und falls doch, dann denke daran, dass sie nur eine Erinnerung ist, also gar keine Gestalt hat. Dich ängstigen kann sie nur, wenn du es zulässt. Aber sie ist nichts. Nur eine Spur in deiner Vergangenheit. Du bist völlig unerreichbar für sie – was immer es auch gewesen sein mag, es gehört schon seit sehr, sehr langer Zeit nicht mehr zu deinem Leben.«

Sie schweigt einen Moment und fügt dann hinzu: »Komm zu mir und lass sie bei der Hülle zurück.«

Und weil er den Sinn ihrer Worte versteht und nach gründlicher Prüfung seiner Gefühle das empfindet, was sie sagt, fragt er die Brise: »Wenn ich wirklich bei dir war, dann muss es doch einen Weg geben, auf dem ich meine Schale verlassen kann.« Noch während er spricht, beginnt er, zu suchen. Während er innen sucht, tastet sich die Brise von außen zu ihm vor. Tatsächlich finden sie schon sehr bald kleine Spalten, die ihn labyrinthartig durchziehen. Nie zuvor hat er sie bemerkt. Vielleicht wollte er sie gar nicht bemerken, weil er vor dem, was ihn außen erwartete, Angst hatte.

Irgendwo mitten in seiner Hülle begegnen sie sich schließlich in einer Kurve. Aber statt sofort nach draußen zu gehen, folgt sie ihm zuerst einmal in sein Innerstes. Weil sie sehr vorsichtig dabei ist und auch in seinem Innersten den Abstand wahrt, den er braucht, fühlen sie sich beide sehr wohl.

Sie bleiben nicht lange dort, weil der Stein bald unruhig wird. Er will nun endlich hinaus, um zu sehen, ob er sich tatsächlich so frei wie die Brise bewegen kann. So wagt er es. Begleitet von der warmen Brise schlüpft er vollständig nach außen. Dort bleibt er ganz nah beim Stein. Er fühlt sich nackt und schutzlos, aber auch leicht und frei. Die Brise umgibt ihn warm und schützend. Schließlich hilft sie ihm, der noch etwas unbeholfen ist, sich nach oben in eine warme Strömung tragen zu lassen, wo er noch weiter erwärmt wird.

Es ist ein unglaublich schönes Gefühl für ihn, sich so frei bewegen zu können. Zwar ist es auch beängstigend, aber die Brise ist ständig um ihn und gibt ihm Sicherheit.

Zusammen mit stärkeren Winden und einem geschickten Spiel mit den Fluten und dem Sand lenken sie die steinerne Hülle an eine noch besser geschützte Stelle des Strandes.

Wann immer sie wollen, kehren sie in die Steinhülle zurück, um sich vor der Welt zu verbergen.

Aber es wird schon nach wenigen Jahren seltener und irgendwann brechen sie auf, um das Meer zu überqueren und irgendwohin zu kommen, wo es nur noch warm ist.

Über den Autor

Daniel Wilk, Diplom-Psychologe und Psychologischer Psychotherapeut; Hypnotherapeut (M.E.G.) und Gesprächspsychotherapeut (GWG) mit Weiterbildungen u. a. in Verhaltenstherapie und NLP. Psychotherapeutische Tätigkeit an der Schwarzwaldklinik Orthopädie; vermittelt seit 28 Jahren autogenes Training und tiefere Entspannungen. Daneben gibt er Fortbildungen in autogenem Training und Hypnose, u. a. für die Deutsche Gesellschaft für Entspannungsverfahren (DG-E). Daniel Wilk ist Autor mehrerer Bücher, darunter *Auf den Schultern des Windes schaukeln* (5. Aufl. 2013), *Ein Käfer schaukelt auf einem Blatt* (5., überarb. Aufl. 2014), *Die Melodie der Ruhe. Trance-Geschichten: Gefühle wahrnehmen und akzeptieren* (2. Aufl. 2014) und *Die Ruhe im Wasserglas* (2013).